Mit der Eisenbahn durch den dialektischen Materialismus

Max Thürkauf

Mit der Eisenbahn durch den dialektischen Materialismus

Reiseskizzen aus der Sowjetunion

Mit Fotos
von Inge Hugenschmidt

Hallwag Verlag Bern und Stuttgart

2. Auflage, 1974

Gesamtherstellung: Hallwag AG, Bern
Umschlagbild: Jakob Baumann
Gestaltung: Gerhard Noltkämper
ISBN 3 444 10128 7

Inhalt

Der Weg

Seit die Chemie zur Zeit Napoleons die Atome entdeckt hat, ist es einfach geworden, die Welt auseinanderzunehmen und nach Belieben wieder zusammenzusetzen.

Die Chemiker, nicht die Physiker, haben die Atome entdeckt. Das wird im Atomzeitalter gerne vergessen, weil die Physiker es nicht wissen: John Dalton war Chemiker.

Die Wissenschaft ist bestrebt, das Zerleg- und Zusammensetzspiel womöglich mit der ganzen Welt zu praktizieren. Wenn das Ziel erst einmal erreicht ist, kann das Paradies in verschiedenen Ausführungen von der einschlägigen Industrie in Produktion genommen werden. Für jedes Einkommen und für jeden Geschmack wird die Werbung etwas Passendes anzubieten wissen.

Die Physiker haben die Dinge insofern kompliziert, als sie in ihrer Neugierde nicht umhinkonnten, auch noch die Atome auseinanderzunehmen. So muß mit der Paradiesproduktion noch etwas gewartet werden.

Die photographische Schicht macht aus einem Bild ein Nebeneinander von Punkten. Mit einem einzigen «Klick» vollbringt man heute dasselbe, wofür es früher der Hand des Zeichners und Malers bedurfte. Was damals Stunden, Tage, Monate oder gar Jahre in Anspruch nahm, geschieht nun in einer Hundertstelsekunde. Verschlüsse, Ventile und Computer klicken; Klicken spart Zeit.

Man ist bei der Photographie nicht stehengeblieben. Die Forscher sind zum Forschen da. Aus dem räumlichen Nebeneinander wurden die Punkte in ein zeitliches Nacheinander gesetzt. Man erfand den Fernsehstrahl. Eine Welt, die aus Atomen besteht, schießt Strahlen in alle Richtungen. Bescheiden warten Sonne, Mond und Sterne und der liebe Gott auf die Eroberung des Weltraumes.

Die Bildstrahlen werden in Kasten eingefangen, wo sich das Hintereinander in ein flimmerndes Nebeneinander verwandelt. Einsame Frauen, die Gäste der Wirtshäuser und ganze Familien starren auf solche Bilder. Wer wollte noch daran zweifeln, daß ein Bild aus Punkten und schließlich aus Atomen besteht?

Es gab einen amerikanischen Film, der hieß «Die Fliege». Darin wurde dargestellt, wie ein Erfinder die Idee des Fernsehens zur Lösung von Reise- und Transportproblemen verwendete. Seine Gedanken waren ebenso einfach wie großartig: Wenn die Oberfläche eines Gesichtes aus Atomen besteht, so muß das auch für den ganzen Kopf gelten. Was für den Kopf gilt, gilt gleichermaßen für den Bauch. Statt nur die Punkte auf der Oberfläche eines Menschen in einen Fernsehstrahl zu verwandeln, nahm der Erfinder die Atome des ganzen Menschen in der richtigen Reihenfolge auseinander und transformierte sie in einen Ionenstrahl, der der Zusammensetzung des Passagiers entsprach. In dieser Form wurde er mit gut halber Lichtgeschwindigkeit auf die Reise geschickt. Am Bestimmungsort stand ein Apparat, der das zeiträumliche Hintereinander der Atome wieder in das menschliche Nebeneinander umwandelte – etwa so wie in der Bildröhre eines Fernsehempfängers. Doch dem Erfinder geschah ein Mißgeschick. Als er sich in die Sendezelle einschloß, flog unbemerkt eine Fliege mit. Sie wurde mitgesendet. Durch eine Störung im Empfänger ergab es sich, daß der Erfinder den Fliegenkopf und die Fliege den Erfinderkopf erhielt. Gewissermaßen eine Bildstörung. Der Held wußte sich nicht mehr zu helfen. Er legte sich unter eine hydraulische Presse. Am nächsten Morgen wurde er gefunden, mit einem Fliegenkopf so flach wie eine Fernsehsendung.

Wenn der Mensch nur aus Atomen besteht, so ist die Realisierung der im utopischen Film dargestellten Reisemethode nur eine Frage der Zeit. Man begibt sich in die Sendekammer, läßt seine Atome in der richtigen Reihenfolge in einen Strahl verwandeln und in der Empfangszelle wieder zusammensetzen. In Sekundenbruchteilen reist man von Washington nach Moskau. Der Weg spielt keine Rolle. Das Ziel kann ohne Weg erreicht werden.

Mehr als man glaubt, ist die weglose Reisemethode schon Gegenwart. Durch das Flugzeug. Ein wesentlicher Teil der Reise wird ausgeschaltet: der Weg.

Eine Reise ohne Weg ist keine Reise. Wer sich ins Flugzeug setzt, bilde sich ja nicht ein, er tue eine Reise. Er läßt sich transportieren. Bequem. Das ist alles. Vom Weg hat er keine Ahnung.

Weg heißt Auseinandersetzung mit dem Ziel. Ohne Weg gibt es kein Ziel. Auf den meisten Reisen bleibt der Weg das einzige Ziel. Nur wenigen Menschen ist es vergönnt, ein gestecktes Ziel zu erreichen. Für die meisten ist der Weg das Ziel. Leben ist Weg. Wie vielen ist das bewußt? Man sucht das Glück in einem gesteckten Ziel. Man möchte den Weg so rasch als möglich zurücklegen und geht an sich selbst vorbei.

Heute bedeutet Geschwindigkeit viel. Das schnellere Flugzeug ist auch das bessere. Ein Irrtum, der sich stets bemerkbar macht. Wer mit dem Flugzeug reist, erreicht sein Ziel unvorbereitet. Es gibt nichts Langweiligeres als die Berichte von Flugreisen. Man hüte sich vor Einladungen nach der Urlaubszeit. Die Zahl der Fotos, die man vorgesetzt bekommt, ist Legion, und Heimkinobilder flimmern endlos über Stativleinwände. Nicht von der Reise wird erzählt, sondern Transportbericht erstattet.

Je größer und schneller das Flugzeug, umso langweiliger die Reise. Erlebnisse gibt es keine. Es sei denn, die Räder ließen sich bei der Landung nicht ausfahren. Ein Reisender, der glaubt, sein Ziel ohne Weg erreichen zu können, begeht einen ähnlichen Irrtum wie der Wissenschaftler, der meint, die Wissenschaft losgelöst von ihrer Geschichte betreiben zu können. Mit einem solchen Wissenschaftler über Wissenschaft zu sprechen ist ebenso langweilig, wie mit einem Flugreisenden über das Reisen zu reden. Beide kennen ihren Weg nicht. Gegenwart ist nur aus der Geschichte verständlich, so wie das Ziel erst aus der Erfahrung des Weges Erfüllung findet.

Weder Weg noch Zeit können gewonnen oder gespart werden. Eines jeden Zeit ist gegeben. Wem die Stunde schlägt, der kann mit keinem Geld auch nur einen Augenblick erkaufen. Wer glaubt, Zeit sei Geld, ist nicht zu bedauern. Bedauernswert sind nur jene, die solcher Leute Gesellschaft ertragen müssen.

Am besten wäre es, zu Fuß zu gehen, zu reiten oder mit einem Segelschiff über die Meere zu fahren. Dies ist heute nur ausnahmsweise noch möglich. Dampfschiff und Eisenbahn sind die langsamsten Verkehrsmittel geworden. Damit sind wir gereist. Inge und ich. Nach Rußland. Bis in den fernen Osten von Sibirien. An den Amur und Ussuri.

Von dieser Fahrt will ich erzählen. Keinen Reisebericht – Geschichten. Von Basel fuhren wir mit der Eisenbahn nach der alten Hansastadt Lübeck. Von da mit dem Schiff durch die Ostsee nach Helsinki. Dann wieder mit der Eisenbahn über Leningrad nach Moskau. Die Transsibirische Bahn brachte uns über den Ural nach Swerdlowsk, Nowosibirsk, Irkutsk am Baikalsee und Chabarowsk am Amur. Die Wolga gleißte im Abendlicht unter der dröhnenden Brücke. Schienen überquerten die riesigen Ströme Sibiriens. Wochenlang waren wir mit der Eisenbahn unterwegs.

Der Rosengarten erinnerte uns daran, daß die russische Grenze nicht mehr fern war. In Helsinki auf dem Friedhof. Rosenstöcke standen im Halbkreis um einen schwarzen Sarkophag: das Grab von Feldmarschall Mannerheim. Rosen blühten auf den Gräbern der Soldaten, die sich im Winter 1939/40 gegen den russischen Angriff zur Wehr gesetzt hatten.

Sie erlagen der Übermacht. Wiborg und der ganze Ladogasee sind jetzt russisch. Seit jenen Jahren ist die russische Grenze über weite Räume nach Westen vorgedrungen. Der Historiker Joseph Ehret sagt: «Aus Westeuropa ist ein Resteuropa geworden.»

Auf dem Bahnhof von Helsinki war es unmöglich, ein freies Gepäckschließfach zu finden. Offensichtlich waren finnische Gelegenheitsarbeiter dort Dauermieter. Sie lungerten davor herum. Haltung und Blick ließen vermuten, daß ein beachtlicher Teil des Schließfachraumes mit Schnaps angefüllt sein mußte. Angesichts der finnischen Alkoholpreise lag da wohl ein ansehnliches Kapital hinter den Stahlblechtüren. Immer wieder, nach einer ausgiebigen Besprechung, öffnete da und dort einer sein Fach und ließ eine Flasche kreisen. Dann wurde sie wieder weggeschlossen.

Außer der Eingangshalle schien das Bahnhofspissoir ein bevorzugter Treffpunkt und Diskussionsort der Schließfachbenutzer zu sein. Es war stets gesteckt voll. Auch von solchen, die nicht pissen mußten. Leider verstand ich kein Finnisch.

Auf der Eisenbahnlinie von Moskau nach Turku, das an der Südostecke des Bottnischen Meerbusens liegt, unterhalten die Russen eine fahrbare Grenze. Sie ist schärfer und deutlicher sichtbar als die Wachttürme und der Stacheldraht beim Ladogasee.

Als wir den Bahnsteig mit der Anzeigetafel «Leningrad–Moskau» betraten, fiel uns auf, daß der Zug geteilt war. In eine grüne und eine gelbrote Hälfte. Die grünen Wagen waren vorne. Die russischen.

Die finnischen Wagen trugen Reklameaufschriften. Auch ihr Reiseziel war angegeben: «Vainikkala» – die finnisch-russische

Grenzstation. Auf dem Bahnsteig standen viele Leute. Durch die Fenster konnten wir sehen, daß der Zug gut besetzt war. Wir gingen schneller. Das wäre nicht nötig gewesen. Bei den russischen Wagen war niemand. Das heißt, genau an der Grenze zwischen den grünen und gelbroten Wagen standen die russischen Schaffner und eine Schaffnerin.

Die Schaffner gingen nicht weiter als bis zu der Stelle, wo die russische Zugskomposition an den letzten finnischen Wagen gekoppelt war. Keinen Schritt mehr. Wir überschritten diese Grenze. Die Russen drehten sich nach uns um. Ich stellte die Koffer hin und gab einem Schaffner unsere Fahrkarten.

Sie steckten die Köpfe zusammen und blätterten die zusammengehefteten Papiere aufmerksam durch. Ich hörte, wie in einem weichen und melodischen Tonfall die Worte Leningrad, Moskau, Nowosibirsk, Irkutsk, Chabarowsk gesprochen wurden. Die Ziele unserer Reise. Zwei drehten sich um und sprachen mich an. Russisch. Ich wies auf Inge. Sie sprachen zu ihr. Die Mimik ihres schönen Gesichtes zeigte mir, daß sie verstand. Sie antwortete. Ich fühlte Stolz in mir aufsteigen; ich war stolz auf Inge.

Die Schaffnerin und ein Schaffner forderten uns auf, ihnen zu folgen. Sie brachten uns zu einem Wagen mit der Aufschrift «Turku–Moskau». Wir kletterten hinein. Die russischen Waggons sind viel höher gebaut als die der westeuropäischen Bahnen. Wenn man sich etwas bückte, konnte man ohne weiteres darunter durchgehen. Wie wir bald sahen, wurde dieser Weg von den Russen beim Umsteigen häufig benutzt.

Der Schaffner wies uns ein Abteil mit vier Betten zu. Dann kletterte er wieder aus dem Wagen und ging zu seinen Kollegen zurück. Sie sprachen miteinander und schauten über ihre Grenze nach der finnischen Zugshälfte. Nach etwa zehn Minuten kamen Reisende zu den russischen Wagen; zwei Männer und eine Frau. Sie wurden zu unserem Waggon geführt. Dann kamen noch einmal vier Passagiere. Das war alles. Fünf Eisenbahnwagen für neun Fahrgäste.

Jeder Waggon wurde von einem Schaffner betreut. Pünktlich, auf die Minute, fuhr der Zug ab. Es war ein Uhr nachmittags osteuropäischer Zeit. Die Fahrt nach Moskau sollte bis zum anderen Morgen dauern.

Wir fuhren durch die finnischen Wälder, an Seen und Flüssen vorbei. Die Steinhäuser wurden seltener. Nach zwei Stunden gab es nur noch vereinzelte Holzhäuser. Am Wagenfenster waren Vorhänge aus schneeweißem Baumwolltuch. Sie waren völlig undurchsichtig. Wir schoben sie so weit als möglich zurück. Auf unserer Reise machten wir die Feststellung, daß alle russischen Eisenbahnwagen solche Vorhänge hatten. Meistens machten die Passagiere Gebrauch davon. Sie zogen sie dicht zu. Wir wollten die Landschaft sehen und schoben das weiße Tuch zurück.

Vorläufig waren wir noch allein im Abteil.

In Vainikkala wurden die finnischen Wagen und die finnische Lokomotive abgehängt. Majestätisch schob sich eine riesige russische Diesellok heran. Mit einem kurzen Ruck schnappte die selbsttätige Kupplung ein. Der Lokführer blickte wie alle Lokführer aus dem Seitenfenster seiner Maschine.

Wir waren ausgestiegen. Es gab eine halbe Stunde Aufenthalt. In weitgezogenem Bogen verschwanden die Schienen in einem flachen Waldtal. Es war genau so, wie ich mir die russische Grenze vorgestellt hatte: ein kleiner Bahnhof, die Schienen und endlose Wälder. Die finnischen Eisenbahnen haben die gleiche Spurweite wie die russischen. Ein Spurwechsel war daher nicht nötig. Ich hatte das nicht gewußt.

Die Schaffner forderten zum Einsteigen auf. Noch waren kaum Reisende im Zug. Die Fahrt ging weiter. Nach Rußland. Schon nach einigen hundert Metern wurde der Zug wieder langsamer. Am Bahndamm stand ein junger Mann in einem Überkleid mit einer Baskenmütze. An der Mütze steckte ein roter Stern aus Emaille. Am Gurt trug er eine schwere Pistole.

Nach einigen Sekunden hielt unser Wagen vor einer Baracke. Männer in Überkleidern mit Baskenmütze und Pistole traten heraus. Auch Soldaten in Uniform und Stiefeln. Ihre Schildmützen hatten einen flachen, grünen Deckel. Sterne aus Messing mit roter Emaille steckten daran. Wir waren in Rußland.

Die Soldaten mit den Überkleidern krochen unter die Eisenbahnwagen. Deren Konstruktion eignete sich gut dafür. Die Fahrgestelle waren außergewöhnlich hoch. Ich lehnte mich aus dem Fenster. Die Männer öffneten die Akkumulatorenkasten und blickten mit Eifer und Ernst hinein. Nahe der Baracke führte ein schmaler hölzerner Steg über den Zug. Darauf stand ein Soldat mit einer Maschinenpistole. Er hielt die Waffe in der Hüfte und schaute, nicht unfreundlich, über den Zug. Unsere Blicke begegneten sich.

Alle Wagen wurden außen und innen gründlich kontrolliert. Einen Menschen zu verstecken wäre wahrscheinlich unmöglich gewesen. Die Landschaft war wunderschön. Am Himmel stand ein Rückseitenwetter. Die Sonne strahlte zwischen Wolken. Scharf zeichneten sich die Stratokumuli ab. Die Baracke stand mitten in einer blühenden Wiese, die gegen einen Wald anstieg, wo Birken aus dem Dunkel von Tannen leuchteten. Aus den Bäumen ragte die Plattform eines Wachtturmes. Am Bahndamm blühten die Weidenröschen, viel röter als die Sterne auf den Soldatenmützen.

Die einen wie die anderen leuchteten längs der Eisenbahnlinie bis nach Chabarowsk am Amur im fernen Osten der Sowjetunion.

Nach einer Viertelstunde ging die Fahrt weiter. Bei der ersten russischen Station, dem Dorf Luszaika, stiegen die Zollbeamten zu. Freundlich, aber bestimmt und genau war die Paßkontrolle. Das Visum wurde eingehend studiert und der Paß nahezu Wort für Wort gelesen. Ein Beamter wollte wissen, was «Verlängerung» heiße. Inge mußte im Wörterbuch nachsehen.

Auch das Gepäck wurde untersucht. Nicht gründlicher als bei einer Einreise in die Schweiz. Einer der Passagiere mußte seine Tomaten zurücklassen. Eine Vorschrift besagte, daß Rubel, frisches Gemüse, Früchte, Blumen und lebende Tauben nicht nach Rußland eingeführt werden dürfen.

Lesestoff zum Mitnehmen

Der Zug fuhr ins endlose Rußland hinein. Im alten Rhythmus der Eisenbahn hämmerten die Räder und schmiedeten aus dem Halbschlaf bizarre Formen. Marc Chagalls Bilder wurden Ereignis. Die nördliche Sonne sank in flacher Bahn gegen den fernen Horizont. Stundenlang währte die Dämmerung bis Mitternacht. Und schon standen in Nordnordost die harten Silhouetten der Tannen vor dem ersten Morgenlicht. – Die hellen Nächte von Petersburg.

Wir machten es uns im vierplätzigen Schlafwagenabteil bequem. Zweiplätzige gibt es in Rußland nicht. Bis nach Leningrad, so hatte uns der Schaffner versichert, würden wir sicher allein sein. Dann seien viele Moskau-Reisende zu erwarten. Nein, Frauen und Männer würden nicht getrennt.

Wir belegten die beiden unteren Betten. Das war, wie sich zeigen sollte, nicht sehr klug. Später, bei den mehrtägigen Eisenbahnfahrten, schlief Inge immer in einem untern und ich im darüberliegenden Bett. So war es möglich, das Territorium einer Abteilshälfte zu halten. Das erwies sich als ein beachtlicher Vorteil, obwohl die meisten unserer Reisegefährten nette Menschen waren. Für vier Betten war das Abteil zu eng. Unsere längste Eisenbahnetappe dauerte nahezu eine Woche. Aber jetzt fuhren wir nur bis Moskau; das waren keine 24 Stunden.

Im Korridor des Wagens war zwischen zwei Fenstern ein Steckfach angebracht. Es quoll von Papier über. Zeitschriften flatterten mit ihren bunten Seiten im Fahrtwind. Die Sommerluft brauste durch die geöffneten Fenster. Das Steckfach war aus Plexiglas. Unter den Zeitschriften lagen Broschüren. Wir konnten sie durch das Glas sehen.

Das Fach war dermaßen vollgepfropft, daß ich Kraft anwenden mußte, um die illustrierten Zeitungen herauszuziehen. Wenn man nur die Köpfe auf gleiche Weise mit Propaganda füllen könnte! Etwaige mechanische Nebenwirkungen würden dem dialektischen Mechanismus nicht widersprechen. – Da war eine «Soviet Military Review». Kühne Piloten verteidigten mit spitznasigen Flugzeugen den Sozialismus. Ein «Neues Leben» wurde von der «Prawda» herausgegeben. Auch eine «Neue

Welt» gab es. «Sowjetfrau» und «Sowjetunion» hießen die bunten Illustrierten. Oder «Culture and Life», auch mehrfarbig und auf teurem Kunstdruckpapier. Auf den Titelseiten war jeweils angegeben, in welchen Sprachen die Zeitschriften erschienen: Englisch, Russisch, Arabisch, Spanisch, Französisch und Deutsch. Seltener Chinesisch, häufiger Japanisch.

Die Zeiten ändern sich, Pläne ändert man nicht gern. Besonders wenn man sie selbst gemacht hat.

Endlich hatten wir uns zu den Heftchen durchgearbeitet. Ihr Format war meistens zehn auf sechzehn Zentimeter, Taschen-Büchlein also. Als das waren sie gedacht.

Man darf sie mitnehmen. Es wird gewünscht. Anschläge auf Bahnhöfen fordern dazu auf. Das hatte ich auf dieser ersten Fahrt durch Rußland noch nicht gewußt. Ich steckte die Büchlein heimlich ein. Nicht alle, damit es nicht auffallen sollte. Es fiel auf. Mit einem Griff in sein Dienstabteil war der Schaffner in der Lage, den mager gewordenen Büchertrog wieder prall zu füllen. Er lächelte mir zu.

In unserem Abteil ordneten wir die Büchlein in zwei Gruppen. In eine, bei der der Name Lenin auf dem Titelblatt *nicht* erschien, und in eine zweite. Die zweite war die größere. Entweder war Lenin der Autor, oder es wurde über ihn geschrieben. Für sowjetische Schriftsteller dürfte das Thema Lenin eines der sichersten Arbeitsgebiete sein: «Der Leninismus und die sozialistische Völkergemeinschaft», «Loyalty to Lenin's Behests», «Lenin, der Leninismus und die chinesische Revolution», «Politik im Lichte des Leninschen Erbes», «Die Leninsche Lehre vom Imperialismus und von der Gegenwart», «Die Leninschen Prinzipien der sowjetischen Außenpolitik», «Lenin in the Kremlin».

Die sowjetische Welt feierte in diesem Jahr den hundertsten Geburtstag von Wladimir Iljitsch Uljanow, der sich als Revolutionär Lenin nannte. Vielleicht war das der Grund für die zahlreichen Lenin-Büchlein.

Die Büchlein von Lenin haben mit jenen über Lenin viel Ähnlichkeit. Sowohl sprachlich als auch inhaltlich. Ich hatte noch nicht viel Lenin gelesen. So nützte ich die Gelegenheit. Während der tagelangen Eisenbahnfahrten las ich Lenin. Literatur stand im Korridor des Wagens genügend zur Verfügung:

«Über die proletarische Kultur», «Über die Jugend», «Über Marxismus und Revisionismus», «Die Arbeiterklasse und der Neomalthusianismus», «Gegen die Prostitution». – Ich nahm mir Zeit.

Alle Büchlein, ob von oder über Lenin, zeigten die gleiche Sprache. Stets war ich von neuem überrascht. Zuerst glaubte ich an einen Zufall – Lenin und seine Nachbeter hätten im Zorn oder in schlechter Laune geschrieben. Aber die Sprache blieb sich immer und überall gleich. Eine grobe, schimpfende, häßliche Sprache. Haß und Zorn standen schon mancher Justiz Gevatter. Gerechtigkeit gibt es nur eine.

Was denken die Menschen in einem Land, wo ein Tolstoi, Dostojewski, Tschechow, Puschkin, Gogol, Turgenjew oder Pasternak geschrieben haben, wenn sie diese wüste Sprache lesen? Was hat Gorki gedacht, als er die Schriften seines Freundes Lenin las? Sicher hat er sie gelesen. Was hat er gesagt? Vielleicht: «Wladimir Iljitsch ist Revolutionär und nicht Schriftsteller.» – Welcher Schriftsteller liest schon einen Schriftsteller, der noch lebt? Die großen und die Kritiker.

Ohne das Schwert hätten Lenins und seiner Jünger Worte keine Macht erlangt. Sie sind häßlich und roh wie die Wunden, die das Schwert schlägt.

Wir sahen niemand, der eines dieser Büchlein las.

Das Hotel

Der Zug fuhr durch die Vororte von Moskau. Vor Stunden hatte der Morgen in jenen einsamen Weiten gedämmert, wo Soldaten des Zweiten Weltkrieges einen schrecklichen Tod starben. Die Eisenbahnlinie Leningrad–Moskau war von der Front an mehreren Stellen durchschnitten gewesen. Die deutschen Soldaten hatten schon Straßenbahnwagen und Autobusse in den Vororten von Leningrad und Moskau sehen können.

Es war acht Uhr. Die Häuser sahen aus, wie Häuser an Bahnlinien in Vorstädten aussehen. Dazwischen standen Fabriken; meistens kleinere, mit ein- oder zweistöckigen Werkhallen. Die Höfe waren mit einer Wirrnis von Material und Maschinenteilen übersät. Holzhäuser waren Ausnahmen. Da und dort duckten sich unter den Fensterreihen von Mietskasernen Blockhäuser, die gut hundert Jahre alt sein mochten. Viele Bäume spendeten Schatten. Nie verschwand das Grün.

Über hartgetretene Erde zogen sich die Bretterzäune von Vorgärten und Hinterhöfen, in welchen die Blütenkreise von hochgewachsenen Sonnenblumen goldgelb leuchteten. Es war ein herrlicher Sommermorgen.

Jetzt begannen die Bremsen zu summen, ihre verzögernde Kraft war deutlich fühlbar. Die letzten Meter Fahrt – das Bild war noch gleich. – Ein Vorortbahnhof? Alle Reisenden stiegen aus. Der Schaffner nickte uns lächelnd zu. Ich lehnte mich aus dem Fenster. Vor der elektrischen Lokomotive wölbte sich aus Stahl und Glas eine hohe Halle. Über die ganze Breite stand in kyrillischen Lettern geschrieben: MOSKAU. Wir waren im Leningrader Bahnhof angekommen.

Wer als Fremder in Rußland mit der Eisenbahn reist, braucht sich über das, was er nach dem Aussteigen tun soll, keine Gedanken zu machen. Er wird unter allen Umständen von einem Agenten des «Intourist» abgeholt. Das ist der Name des staatlichen sowjetischen Reisebüros, das amtlich als Aktiengesellschaft bezeichnet wird. Die Bezeichnung fällt auf, weil eine Aktiengesellschaft eine typisch kapitalistische Einrichtung darstellt. «Intourist» plant die Reise Wochen, lieber noch

Monate voraus. Etwas anderes kommt nicht in Frage. Wer in der Sowjetunion reisen will, muß sich planen lassen. Bei Vorauszahlung. Auch bei der Abreise wird der Reisende von seinem Agenten bis zum Wagen, wo der Platz reserviert ist, begleitet. Dann wartet dieser freundlich lächelnd, bis der Zug abfährt, und winkt auf Wiedersehen.

Immerhin, in Helsinki waren wir ohne Begleitung eingestiegen. Jetzt stiegen wir zum erstenmal in Rußland aus. Kaum hatte ich unsere Koffer auf den Boden Moskaus gestellt, stand ein Mann neben uns. Er begrüßte uns lächelnd auf englisch und blätterte in Papieren. Es waren Schreibmaschinendurchschläge, zum erstenmal sah ich unsere Namen in kyrillischer Schrift. Die Aussprache machte dem Mann begreiflicherweise Schwierigkeiten.

Der Plan begann zu funktionieren.

Sofort wurden wir aus dem Passagierstrom ausgesondert. Vom Bahnsteig führte eine Art Gartentür durch eine Hecke auf die Straße, wo eine große, schwarze Limousine wartete. Zum erstenmal schritt ich über russische Erde. Inge war vor Jahren einmal in Leningrad gewesen. Wir gingen auf einem Boden, der seit einem halben Menschenalter hinter einem eisernen Vorhang lag. Die Geheimnisse des Unerreichbaren sind auf ihm gewachsen; was den Augen verborgen bleibt, sieht das Herz in den grenzenlosen Gefilden der Seele. Ich blieb stehen und berührte die Blätter der Hecke. Der Agent drehte sich um, stutzte, lächelte aber sofort wieder. Der Chauffeur öffnete einen riesigen Kofferraum. Unser Gepäck nahm sich armselig darin aus.

Wir fuhren durch Avenuen, deren standesbewußte Häuser in unverbindlicher Großzügigkeit emporragten, und über Plätze, die zu umrunden eine gute Wegstunde in Anspruch nehmen würde. Wenn der Fahrer in engere Straßen abbog, entstanden Bilder von unerwarteter Eigenart, die Geborgenheit und Heimat verhießen. Die Pracht der Fassaden wechselte mit der Wärme häuslicher Herde.

Moskau ist eine schöne Stadt!

Das abwechslungsreiche Bild war in einer Weise erlebbar, wie sie in den Großstädten der kapitalistischen Welt längst der Vergangenheit angehört: die Straßen und Plätze waren nicht von fahrenden und geparkten Automobilen überflutet. Auf den

Hauptstraßen herrschte ein reger, aber kein unsinniger Verkehr. Die Nebenstraßen waren still, Kinder spielten. Man konnte in Ruhe gehen, stehenbleiben und von der Straßenmitte aus die Häuser betrachten. Ich stellte mir vor, wie schön Rom, Paris oder London ohne Autos gewesen sein müssen.

Mit ihrem Benzin könnten sich die Russen kaum einen dichteren Verkehr leisten. Sie müßten es viel besser raffinieren. So verbreitete sich der Gestank der schwefelhaltigen Kohlenwasserstoffe bis in die stillen Nebenstraßen.

Nach viertelstündiger Fahrt hielt der Chauffeur vor einem Wolkenkratzer: dem Hotel «Ukraine». Der Bau erinnerte dennoch nicht an Amerika. Aus einer Höhe von mehr als vierzig Stockwerken bis zum Fundament versuchten Romanik, Gotik, Barock und Rokoko sowie Elemente des Leningrader Winterpalastes und der Athener Akropolis sich wie Öl und Wasser zu vermischen. Von der Spitze eines Turmhelms leuchtete der rote Stern. So hatte sich Stalin die sozialistische Architektur vorgestellt. Seine Architekten hatten in Moskau sieben dieser Wolkenkratzer gebaut: zwei Ministerien, zwei Hotels, zwei Appartementhäuser und eine Universität. Die Lomonossow-Universität. Weithin sichtbar steht sie auf dem Hügel über der Moskwa, von dem aus Napoleon zum erstenmal Moskau gesehen haben soll. Heute trägt jener Hügel den Namen Lenins.

Ich erinnerte mich an eine Zeichnung des Turmes zu Babel, die viel Ähnlichkeit mit der Lomonossow-Universität hatte.

Die Hotelhalle war drei Stockwerke hoch und aus Marmor. Aus schweren Kronleuchtern strahlte helles Licht. Ich suchte die Rezeption. Gäste kamen und gingen; im Hotel «Ukraine» stehen fünfzehnhundert Betten. Hinter dem Schalter saß eine Frau. Ich grüßte. Mißmutig und abweisend fragte sie mich, was ich wünsche. Zum zweitenmal sprach ich mit einer Russin. Die Schaffnerin war freundlich gewesen. Ich sagte ihr – wir sprachen englisch –, daß uns ein Chauffeur vor der Tür dieses Hotels abgesetzt habe. Sie verlangte die Pässe, sah in einer Liste nach, schrieb etwas auf einen Zettel und gab ihn mir wortlos. Als ich fragte, was wir nun zu tun hätten, wies sie mit einer ärgerlichen Geste zur Garderobe. Wortlos.

Dort standen drei Männer in dunklen Anzügen. Über den Kleiderhaken war ein Schild angebracht, welches den Gast in verschiedenen Sprachen belehrte, daß Galoschen nicht angenommen würden. Ich war nicht sicher, ob die Männer zum Hotelpersonal gehörten. Ich zeigte meinen Zettel und fragte, was ich damit tun solle. Sofort nahm einer von ihnen das Papier freundlich entgegen und befestigte Etiketts an unseren beiden Koffern. Dann gab er mir den Zettel wieder. Wir warteten. Die drei Männer plauderten miteinander. Nach einigen Minuten fragte ich erneut, was wir denn tun sollten. Sie verstanden mich nicht. Inge fragte auf russisch.

«Gehen Sie auf Ihr Zimmer.»

«Welche Nummer?»

«Sie steht auf dem Zettel.»

«Aha.»

Der Lift wurde von einer Dame mit Handtasche bedient. Sie saß auf einem Hocker, über dem ein kleiner Ventilator surrte. Ich grüßte und zeigte ihr den Zettel. Sie grüßte freundlich zurück und nickte. Im dreizehnten Stock hieß sie uns aussteigen. Wir traten in eine geräumige Halle, von welcher breite Korridore nach verschiedenen Richtungen liefen. Es war ruhig. Nur selten öffnete sich eine der sechs Lifttüren. Die großen ledernen Polsterstühle standen leer. Alles war blitzsauber. In der Mitte saß eine Frau an einem Pult. Sie sah uns wortlos an. Wir traten hinzu und grüßten. Sie grüßte zurück. Fragend hielt ich ihr den Zettel hin. Sie nahm ihn und gab mir einen Schlüssel.

In allen Hotels, in welchen wir auf unserer Reise wohnten, saß in jeder Etage eine Frau hinter einem Pult. Die Pulte waren stets an den strategischen Punkten der Stockwerke aufgestellt. Wie die Spinne ihr Netz, konnte die Frau ihre Etage überwachen. Es war nicht möglich, ein Hotel zu verlassen, ohne von der Etagenspinne gesehen zu werden. Die Zimmerschlüssel waren in einer Schublade verwahrt. Auf dem Pult lag eine Art Schachbrett, in dessen einzelnen Feldern Nummern standen. Damit wurden die Sprachschwierigkeiten überwunden. Wer seinen Schlüssel haben wollte und nicht Russisch konnte, legte seinen Finger auf das entsprechende Feld.

Im Hotel «Ukraine» schlossen wir mit unserem Schlüssel ein Zimmer von ungewohnter Geräumigkeit auf. Das Badezimmer war so groß wie die Zimmer einer modernen westeuropäischen

Wohnung. Die Wanne konnte für einen herzkranken Manager gefährlich werden. Sie faßte soviel Wasser, daß man darin ohne weiteres ertrinken konnte. Eine Notklingel war nicht vorhanden. Nach Stunden erst hätte die Etagenspinne gemerkt, daß der Schlüssel ungewöhnlich lange in ihrer Sammlung fehlte.

Die schweren Möbel waren dunkel gebeizt und lackiert. Einen großen Teil des Parkettbodens bedeckte ein guter Teppich von dunkelroter Farbe. Auf einem Schreibtisch standen neben der Lampe ein Telephon und ein Lautsprecherkästchen, das, als wir eintraten, eingeschaltet war. Alles blitzte vor Sauberkeit.

Von Privatreisenden verlangte «Intourist», daß sie pro Tag eine bestimmte Menge Geld auszugeben hätten. Der Betrag mußte vor der Reise einbezahlt werden. Er war so angesetzt, daß wir verschiedentlich in Erstklaßhotels wohnen *mußten*.

Als wir den Lautsprecher abschalteten, war es sehr still. Irgendwo, weit weg, summte ein Staubsauger.

Es gibt Dinge, die sich ausschließen: Arroganz und Herz zum Beispiel. Daß die Begriffe «modern» und «arrogant» einander oftmals einschließen, mag ein Zeichen unserer Zeit sein. – Materielle Macht ist immer arrogant; noch nie war sie so groß wie heute. Die Maschinen vermögen die Kräfte der Materie grenzenlos zu mehren. Die Arme der Technokraten sind so lang geworden, daß sie jede Stelle der Erde innerhalb Stundenfrist zerschlagen können; so stark, daß sie alles Leben vernichten könnten. Das gab es noch nie. Was das anbelangt, gibt es etwas Neues unter der Sonne.

Mancher scheut sich, Gefühl und Wärme zu zeigen, weil er damit beschäftigt ist, «modern» zu sein. Hinter flachen Gesichtern verbirgt sich die Verlegenheit, das Herz wird verleugnet. Kinder fühlen das. Die Erwachsenen wissen um die Regeln des Betrügens. Die Psychologen sagen, daß moderne Kinder früher erwachsen werden.

Wer als Reisender des «Intourist» in einem Moskauer Hotel wohnte, erhielt einen Gutschein für eine Stadtrundfahrt. Sie war im Preis inbegriffen. Eine Agentin zeigte uns durch Autobusfenster das moderne Moskau. Dort, wo Beton, Glas und Aluminium am höchsten ragten, war es am modernsten. Wie in unseren Städten wächst der Beton gut. Der Boden ist fruchtbar, er wird mit dem «lieben» alten Moskau gedüngt: mit den «lieben» alten Häusern und auch mit Kirchen, deren grüne und goldene Zwiebelhelme schon Napoleon sprengen wollte. Wie überall wuchsen nicht die Bäume, wohl aber der Beton in den Himmel.

Das Prinzip jeder materialistischen Weltanschauung ist die Maschine. Der dialektische Materialismus bildet darin keine Ausnahme. Seine Ideologen haben ihre Methoden von den Naturwissenschaftlern entlehnt. Im Sowjetsystem wird versucht, die Gesellschaft nach den Gesetzmäßigkeiten eines Mechanismus funktionieren zu lassen. Für die Ideologen ist das Verfahren insofern einfach, als ihre Idole Marx und Lenin die Naturwissenschaften nicht (und daher falsch) verstanden haben. Das ist keineswegs ein Privileg sowjetischer Ideologen:

Auch der kapitalistische Materialismus beruht auf unverstandenen Naturwissenschaften.

Es spielt daher keine Rolle, ob der DIAMAT oder der KAPIMAT auf die menschliche Gesellschaft angewendet wird. Das Resultat bleibt dasselbe. Das moderne Moskau ist ein Beweis dafür. Mit zunehmender Geschwindigkeit gleicht es sich den westlichen Produktions-Konsumations-Zentren an, die einmal europäische Städte waren. Wenn Stalin seine Wolkenkratzer nicht aus einer Mischung von amerikanischem Busineß und deutschen Märchenschlössern erbaut hätte, könnte Moskau bereits heute mit Silhouettenpartien aufwarten, die von der Chicagoer Skyline kaum zu unterscheiden wären.

Sturheit ist sicher nicht der einzige, bestimmt aber ein unabdingbarer Wesenszug der Mächtigen.

Wer eine Stadt kennenlernen will, muß sie zu Fuß durchstreifen. Tagelang. In den von «Intourist» bewilligten Städten durfte sich der Reisende frei bewegen. Inge und ich kehrten Abend für Abend mit der gewollten Last von Eindrücken von unseren Fußwanderungen zurück. Das Herumstreifen in einer Stadt kann mehr ermüden als ein Marsch in Bergen und Wäldern; der Asphalt strapaziert die Sohlen, und Augen und Ohren können nur selten ruhen.

Polizist im Kreml. Was man auf dem Bild nicht sieht: Der Photograph steht inmitten einer Schar von Besuchern hinter einer weißen Linie, die von den Kremlbesuchern nicht überschritten werden darf. Wenn jemand über den Strich tritt, pfeift der Polizist augenblicklich.

Nächste Doppelseite:
Modernes und altes Moskau. Links im Vordergrund: Bürgerhäuser aus der Zarenzeit, dahinter die Schornsteine eines thermischen Kraftwerkes. In der Mitte eine Kirche (die heute geschlossen ist). Im Hintergrund ein Wolkenkratzer aus der Stalinzeit, rechts im Vordergrund ein moderner Wohnblock. Die Straße im Vordergrund führt nach links über die Moskwa zum Kreml. Verkehr gibt es kaum.

СССР
МСК
4039
МОСКВА-ВЛАДИВОСТОК

Auf dem Weg «nach Hause», wie mancher sein Hotelzimmer nennt, auch wenn er bloß wenige Tage darin verbringt, kamen wir immer durch ein Stück «liebes» altes Moskau. In der unmittelbaren Umgebung des fünfzehnhundertbettigen Hotelturmes, der sich stolz in den öligen Wassern der Moskwa spiegelte, standen in buschbewachsenen Hinterhöfen und verträumten, blumengeschmückten Küchengärten ein- oder zweistöckige Holzhäuser. Mächtige Bäume neigten schützend ihre Kronen über die Dächer. Nach dem gleißenden Asphalt wirkten ihre Schatten wie eine kühle Quelle in der Wüste. Es war die Gegend zwischen dem Kiewer Bahnhof und der Kutuzow-Avenue, die sich über eine elegante Brücke in die dreißigstöckige Fassadenflucht des Kalinin-Prospekt schwingt.

Geheimnisvoll waren die kleinen Straßen und Wege, die immer wieder, von den Hauptstraßen ausgehend, durch die laubgrünen Schatten führten, die auf dem warmen Holz der Häuser und auf der kühlen Erde der Höfe und Gärten lagen. Von der Kraft des Verschwiegenen und Geheimnisvollen angezogen, folgten wir diesen Pfaden. Es waren heiße Sommertage. Da und dort mußten wir uns bücken, weil Äste unter der nassen Last eines Gewitterregens sich tief auf den Weg neigten. Wie geschliffene Steine auf grünem Samt funkelten die Tropfen im Licht der die Wolken durchbrechenden Sonne.

Das «liebe» alte Moskau ist in manchen Gegenden der Stadt kaum hundert Schritte vom Beton entfernt. Wer die großen Straßen auf diesen Pfaden überquert, erlebt innerhalb von

Oben: Wovor uns der Amerikaner gewarnt hatte: Zwiebeln auf der Transsibirischen Eisenbahn. An den meisten Stationen gibt es Verkaufsstände, wo die Bauern der Gegend Lebensmittel feilbieten. Die meisten Passagiere kaufen da ihr Essen ein.

«Moskau–Wladiwostok». Pünktlich auf die Minute verläßt der Zug um 10.05 Uhr den Jaroslaw-Bahnhof in Moskau, um nach einer Woche, ebenfalls auf die Minute genau, in Wladiwostok anzukommen. An keiner Station wird länger als eine Viertelstunde angehalten.

Stunden viele Male den Wechsel von Gegenwart und vergangenen Jahrhunderten.

Wir hatten immer das Gefühl, «Intourist» sähe es nicht gerne, wenn man auf solchen Wegen durch Moskau streifte. Wahrscheinlich war dieses Gefühl nicht unbegründet. Die «Intourist»-Agenten erwähnten das alte, das trauliche Moskau mit keinem Wort. Unermüdlich wiesen sie auf den Beton als große Errungenschaft hin.

Übrigens hatten wir den Eindruck, daß nicht viele Reisende den Weg zu diesen Labyrinthen von Hinterhöfen, Holzhäusern, Gärten und Plätzen fanden. Einige Kinder spielten ungestört, während die Erwachsenen uns stets aufmerksam beobachteten – bisweilen mit Verwunderung. Wenn Inge sie ansprach, waren diese Menschen voller Herzlichkeit. Bereitwillig gaben sie Auskunft und stellten Fragen. Die Schweiz war ihnen bekannt:

«Zürich – Lenin hat dort die Oktoberrevolution vorbereitet!»

Die weltberühmte Tretjakow-Galerie steht mitten im «lieben» alten Moskau. Weil wir auf dem Roten Platz und in seiner Umgebung kein Taxi bekommen konnten, gingen wir zu Fuß. Auf «unseren» Pfaden. Taxis waren außergewöhnlich billig in Rußland. Aber man ergatterte sie erst nach langem Anstehen bei einer Taxistation. Auf bloßes Winken hielt keiner an. Wir haben nie ein Taxi erwischt. Einen Teil unserer Fußwanderungen durch Moskau haben wir diesem Umstand zu verdanken.

Die Tretjakow-Galerie stand unvermittelt vor uns, als wir aus einem kiesbedeckten Hof mit Bäumen und Büschen heraustraten, wo unter einem Vordach, neben dem Windschutz des Einganges zu einem Holzhaus, ein strapaziertes Ledersofa stand. Das Gebäude besteht aus unverputztem, rostbraun gestrichenem Backsteinmauerwerk, das in manchen Linien an den Jugendstil erinnert. Der Bau entstand gegen Ende des vorigen Jahrhunderts. Wie von einem Bühnenbildner entworfen, schoben sich die eigenwilligen Formen der Fassade zwischen die Kronen uralter Bäume.

Der Hof gegenüber müßte ein Bubenparadies sein. Wo blieben sie alle? In den staatlich geführten Kindergärten? Oder in Ferienkolonien? Es war hoher Sommer. Die, welche um den offenen Hemdkragen ein rotes Halstuch trugen, hießen «Pioniere».

Vom Hotel «Ukraine» führt der hundert Meter breite Kalinin-Prospekt zum Stadtzentrum. Auf beiden Seiten türmen sich die modernsten Hochhäuser Moskaus. Ihre Fronten sind in einem Winkel von dreißig Grad gegen die Straße versetzt, so daß man zwischen den Giganten aus Beton, Stahl und Glas den Himmel sehen konnte. Warme Sonne und kalte Pracht strahlten auf die Menschen. Ganz am Anfang dieser Straße, gleich nach der Brücke über die Moskwa, stand eine ältere Mietskaserne mit großen Schaufenstern im Erdgeschoß. Sie fielen uns schon bei unserem ersten Spaziergang durch Moskau auf, weil sie leer waren. Erst als wir näher gingen, sahen wir, daß sie doch nicht ganz leer standen. An den Wänden lehnten Kartons, auf welchen Ampullen, Injektionsspritzen und Medizinflaschen im Schattenriß abgebildet waren. Auf anderen Schildern waren eine Brille und ein Zwicker, sorgfältig in Temperafarben gemalt, zu sehen. Inge übersetzte den Text: «Brillen- und Zwickerrezepte werden ausgeführt.»
Auf unserer Reise sahen wir, daß in Rußland die Schaufenster der Apotheken immer leer wirkten. Nirgends wurde irgend etwas angepriesen – weder Pillen noch Pulver. Die kapitalistischen Apotheker können sich solche Zurückhaltung offensichtlich nicht leisten.

Auch in den dreißigstöckigen Hochhäusern gab es Schaufenster. So stellte die amerikanische Luftfahrtgesellschaft «Trans World Airlines» Bilder von den USA aus. Unmittelbar daneben hatte die Kommunistische Partei der Sowjetunion ein Büro. In ihrem Schaufenster hingen Bilder aus Lenins Leben: Lenin als Kind, als Student, als Revolutionär, in der Verbannung, wieder als Revolutionär und, schließlich, einbalsamiert im Mausoleum.

Vor dem TWA-Fenster drängten sich die Leute: es waren Russen. Vor den Lenin-Bildern blieb dann und wann jemand stehen: es waren Ausländer.

Tolstois Haus

Am dritten Tag beschlossen wir, das Haus zu besuchen, in welchem Leo Tolstoi mit seiner Familie nahezu zwei Jahrzehnte gelebt hat. Aus seiner Biographie wußten wir, daß es ein Holzhaus in einem Garten sein mußte. Eines jener Häuser hinter den Errungenschaften aus Beton. Die breiten Straßen, die Paläste, der Kreml, der Fortschritt wurden uns zu groß und zu laut. Weisheit ist stets leise, ihre Größe besteht nicht aus Material. Schon gar nicht aus Beton, Plastik, Stahl, Aluminium, Kupfer oder Erdöl.

Die Straße war nach ihm benannt: Uliza Tolstovo. Sein Haus mußte die Nummer 21 tragen; so stand es im Reiseführer. Es war eine kleine, stille Straße, die in einen vom Großstadtverkehr durchfluteten Boulevard mündete. An der Stelle, wo die Tolstoi-Straße abzweigte, schimmerten über den Kronen alter Bäume die Kuppeln einer kleinen Kirche. Sie stand, von Gärten umgeben, am Rande des Boulevards. Als wir, nach unserer Straße suchend, daran vorübergingen, trat eine alte Frau aus dem Portal und gesellte sich zu anderen alten Frauen, die im Kirchhof standen.

Wir fragten uns, ob diese Kirche nicht eher ein Museum als eine Kirche des russisch-orthodoxen Glaubens sei. Wir hatten noch keine gesehen. In unserem Reiseführer stand nichts davon, und die «Intourist»-Agenten gaben ausweichend Antworten. Sie sagten, daß nur ein paar alte Leute noch hingingen. – Da waren sie, die alten Leute.

Schüchtern traten wir in den Hof. Mißtrauische Blicke maßen uns. Ich nahm meine Baskenmütze ab und versuchte, die Tür, aus welcher die alte Frau vor ein paar Minuten herausgetreten war, zu öffnen. Sie war verschlossen. Durch ein kleines Fenster sah ich in das Halbdunkel eines Vorraumes. Jemand kam und öffnete. Es war ein etwa fünfzigjähriger Mann. Mit Worten und Zeichen forderte er uns auf, einzutreten. Inge sprach mit ihm. Er hieß uns warten. Nach kurzer Zeit kam er in Begleitung eines Priesters zurück. Inge fragte ihn, ob wir uns die Kirche ansehen dürften. Er wies mit einer einladenden Handbewegung auf eine offene Tür. Dann nickte er zum Abschied und ging.

Wir traten in einen hohen Raum, dessen Wände bis zu den Kuppelgewölben mit Fresken bedeckt waren. Überall standen liturgische Geräte. Die mit Silber und Gold beschlagenen Rahmen der Ikonen glänzten im Sonnenlicht, das durch die hellen Fenster fiel. Auf einem einfachen Tisch waren zwischen brennenden Kerzen auf Tellern und Platten verschiedene Speisen ausgestellt. Die meisten der Kerzen waren bald niedergebrannt; von den Stummeln floß geschmolzener Wachs über das blankgescheuerte Holz des Tisches.

Am Boden knieten zwei Frauen und schrubbten die großen Steinfliesen mit Handbürsten und Seifenlauge. Fast gehässig forderten sie uns auf, uns an einem feuchten Putzlappen die Schuhe abzutreten. Während sie arbeiteten, sprachen sie laut miteinander. An der Stelle, wo die Frauen schrubbten und schwatzten, stand auf einer Bahre ein geöffneter Sarg. Erschrocken und mit großen Augen fragte mich Inge, ob die alte Frau, die mit gefalteten Händen darin lag, ein Mensch sei. Ich nickte. Lange blickte sie das wächserne Gesicht der Toten an und flüsterte: «Alles ist ganz still.»

Als wir die Kirche verließen, grüßte uns der Mann, der den Priester geholt hatte, freundlich. Im Vorraum, neben der Tür, stand ein Sargdeckel.

In den Straßen von Moskau gab es Schaukästen, in welchen täglich die «Prawda» ausgehängt wurde. «Prawda» heißt «Wahrheit». Gegenüber der Kirche stand ein solcher Kasten. Inge übersetzte mir einige Stellen. Sie erinnerten mich an die Büchlein in der Eisenbahn, aber auch an die Zeitung, für die ich selbst schrieb. Redakteure haben dafür zu sorgen, daß die Linie gewahrt wird. – Erst kürzlich gaben sie mir zu verstehen, daß meine Geschichten zu literarisch seien. Ich gab zur Antwort, daß sie sich keinen Zwang antun und nicht mehr davon bringen sollten, als ihre Zeitung verkraften könne.

Wer für vergangene Zeiten empfänglich ist, kennt jene Spannungen der Innerlichkeit, die historische Stätten in uns zu wecken vermögen. Wie oft mag Tolstoi durch diese Straße gegangen oder gefahren sein?! Im Sommer mit dem Pferdewagen, im Winter mit dem Schlitten. Wir hatten das Gefühl, in seine Welt einzutreten. Die Hausnummern näherten sich in unregelmäßigen Sprüngen der Zahl 21. Vor uns ging ein blinder Mann, von einer vierschrötigen Pflegerin geführt. Sonst war die Straße fast leer. Autos gab es hier keine. Holzhäuser wechselten mit Backsteinbauten. Dazwischen viele baumbestandene Gärten. Hinter einem Bretterzaun, zwischen, beinahe unter hohen Bäumen stand ein zweistöckiges Holzhaus: es hatte die Nummer 21.

Es war nicht besonders groß. Das Haus eines Chemikers, der in Basel während zehn Jahren einigermaßen erfolgreich in einer Fabrik gearbeitet hat, ist bedeutend größer. Ein privates Schwimmbad hatte Tolstoi natürlich auch nicht. Ob jemand in seiner Familie schwimmen konnte? Vielleicht wissen es die Tolstoiforscher. Falls die Frage noch nicht geklärt ist, wäre sie ein Thema für eine philologisch-historische Doktorarbeit. Angesichts der großen Aktualität des Sportes bestünde sogar die Möglichkeit, daß sie gelesen würde.

Die Tür im Bretterzaun war angelehnt. An einem Nagel hing ein Schild: «Remont» – Reparatur.

Zögernd stießen wir die Tür auf. Sie knarrte in den Angeln. Vor dem Haus stand ein Baugerüst. Aus dem Innern hallten Hammerschläge. Die kahle Erde unter den Sträuchern und der Kies auf den Wegen erinnerten mich an den Hinterhofgarten meiner Großmutter.

Wir traten ein. Schritt vor Schritt. Auf einer Bank hinter dem Zaun saßen zwei junge Männer. Nicht weit stand eine Hundehütte mit einem kreisrunden Schlupfloch. Sie mochte gut so alt wie das Haus sein. Ob Tolstois Hund darin geschlafen hatte? Die beiden Burschen sahen uns zugleich fragend und feindlich an. Als wir näher kamen, standen sie auf. Hinter uns wurde geschimpft. Aus einem kleinen Holzhaus mit einem Schiebefenster, das wahrscheinlich als Schalter für den Verkauf von Eintrittskarten diente, kam eine dicke Frau gelaufen. Ich zog Geld aus der Tasche. Aber sie schimpfte weiter. Die beiden Jungen kamen dazu. Inge wies auf das Haus und fragte die Frau, ob es das Haus Tolstois sei.

«Ja, aber ‚remont'!»

«Dürfen wir es trotzdem sehen?»

«Niet, sakryt!» – geschlossen.

«Dürfen wir das Haus von außen anschauen?»

«Niet, remont, sakryt!»

Ein magerer Alter kam dazu und begann auch zu zetern. Ich warf einen Blick auf die Hundehütte. Sie war leer.

Zu zweit schimpften sie uns durch den Bretterzaun auf die Straße zurück. Die beiden Jungen schwiegen. Ich ging langsam. Vor der Tür fühlte ich einen leichten Druck an der Schulter. Ich drehte mich um. Einer der Jungen zog sofort die Hand zurück. Vielleicht waren sie Studenten und machten eine Dissertation über das Haus von Leo Tolstoi.

Mit einem Vorhängeschloß von einer Größe, wie ich es vorher noch nirgends gesehen hatte, wurde hinter uns die Tür sofort abgeriegelt. Im Bretterzaun waren Spalten und Löcher. Wir blickten hindurch wie Zaungäste durch ein Zirkuszelt. Ich dachte an Tolstois Lieblingstochter: Tatjana. Wie sah sie aus? Im Haus gab es, so war im Reiseführer zu lesen, ein Bild von ihr. War sie so schön wie Inge? Ich stellte mir vor, daß sie langes, dunkles Haar hatte.

Inge versuchte durch ein Loch zu photographieren. Einer der Studenten bemerkte es und kam sofort herbei. Wenige Schritte entfernt blieb er stehen und redete böse auf uns ein. Dann hielt er inne, begann zu lächeln, zuckte die Achseln, hob entschuldigend seine Hände und sagte: «Remont».

Auf unserer Reise durch Rußland lernten wir, daß es keinem Russen einfallen würde, durch eine Tür zu gehen, auf welcher geschrieben steht: «Remont» oder «Sakryt».

Und es gab manche Türe, an der ein solches Schild hing.

Viele Male haben die Zaren Wappen und Farbe geändert. Seit Byzanz gefallen ist, will Moskau das dritte Rom werden.

Unter der Zarenherrschaft war der Kreml in Moskau dem Volk nicht zugänglich. Hoflieferanten, Lakaien und andere Dienstboten ausgenommen. Das war eine ziemlich lange Zeit. Nach der Oktoberrevolution wurde er für kurze Zeit freigegeben. Dann kam die neue Herrschaft, und der Kreml wurde wieder für das Volk geschlossen. Aus Sicherheitsgründen. Parteimitglieder und Dienstboten ausgenommen. Bis 1955.

Von den vier Kremltoren sind zwei fürs Volk geöffnet. Jene beiden, durch welche einst ungeladen Gäste aus Frankreich einzogen. Napoleon selbst benützte das Borowitzki-Tor unten an der Moskwa und seine Soldaten das höhergelegene Dreieinigkeitstor mit der malerischen Neglinka-Brücke. Wie so viele andere kleine Flüsse in großen Städten, strömt heute die Neglinka unterirdisch dahin. Dort, wo sie einst längs der Kremlmauer floß, grünt jetzt der Alexandergarten: ein schöner Park mit großen Bäumen.

Größere Flüsse müssen mit ihrer Beerdigung warten, bis die Ingenieure den Beton weit genug spannen können. Schon rauchen die Schlote der Portlandzementfabriken in Ost und West um die Wette.

Der Anruf des Postens am Dreieinigkeitstor war kurz und russisch. Wir drehten uns um. Er galt zwei Männern. Unter dem Mützenschild blickte es scharf und ohne eine Spur von Humor. Den beiden Männern stockte der Schritt. Aus einem Uniformrock zeigte ein Finger. Aus einer Plastiktasche sah ein Flaschenhals hervor. Der hatte die anderen Flaschen verraten. Bier. Im Kreml durfte nicht getrunken werden.

Man saß in den Parks und Gärten der Zarenburg im Schatten prächtiger Bäume. Einige waren so alt wie die schönsten Märchen Rußlands. Die Märchen werden so lange wahr sein, wie es noch Bäume gibt, in deren Wipfeln der Wind sein Lied singt. Wie sieht eine Welt ohne Märchen aus? Man müßte die Philosophen und die Psychologen fragen, denn die wissen, was ein Märchen ist. Doch Märchen sind zum Erzählen da und nicht zum Wissen. Dank der Wissenschaft wissen die Menschen heute mehr als früher.

Wissen und Weisheit sind nicht dasselbe.

Als wir den engen Torweg durchschritten hatten, öffnete sich uns ein freier Blick. Rechts stand der erst vor kurzem erbaute neue Kongreßpalast und links das Arsenal der Holstein-Gottorp-Romanows, dahinter wehte auf der grünen Kuppel des alten Senates die rote Fahne. Die Komplementärfarben wirkten faszinierend. Die Kuppel war schon zur Zeit Katharinas der Großen grün. Nicht ganz so grün, weil Patina Zeit braucht. So wird die Kuppel immer grüner.

Im obersten Stockwerk des alten Senates, im Westflügel, gegenüber dem Arsenal, hatte Lenin bis 1922 sein Arbeitszimmer. In einer Biographie hatten wir gelesen, daß die Fenster auf das Dreieinigkeitstor hinausgingen. Das Zimmer wurde in ein Museum verwandelt. Alles soll noch so sein, wie Lenin es am 12. Dezember 1922 verlassen hatte, um sich in der kleinen Wohnung auszuruhen, die er mit seiner Frau Krupskaja auf derselben Etage teilte. Er wurde von einem Schwächeanfall überrascht, und seine Ärzte empfahlen ihm, sich in seinem Landhaus in Gorki Ruhe zu gönnen. Dort starb er im Januar 1924, ohne noch einmal in sein Arbeitszimmer im Kreml zurückgekehrt zu sein.

Nur wer eine besondere Erlaubnis hat, darf diesen Raum besichtigen. Für das Volk befindet sich im Lenin-Museum eine exakte Kopie dieses Zimmers. Ich versuchte mir vorzustellen, aus welchen Fenstern Lenin wohl geschaut haben mochte. Vielleicht waren es die beiden obersten am äußersten Ende der Fassade gewesen. Die mußten in Sichtverbindung mit dem Dreieinigkeitstor sein.

Ein Pfiff!

Der Polizist winkte energisch mit seinem weißen Knüppel. Wir blickten zurück, er winkte uns. Seine Augen packten zu, es gab keinen Zweifel. Wir blieben stehen. Noch einmal nahm er die Trillerpfeife an den Mund und pfiff durchdringender als vorher. Mit dem Knüppel wies er auf eine weiße Linie, die über das Pflaster lief. Dann gab er damit ein Zeichen, das eindeutig war: Wir hatten diese Linie überschritten und mußten zurück. Der weiße Streifen teilte das ganze Kremlareal in zwei Teile, nur einer durfte vom Volk begangen werden. Polizisten in tadelloser Uniform wachten mit pendelnden Knüppeln, daß niemand die aufgemalte Grenze überschritt. Wenn jemand aus Versehen die verbotene Fläche betrat, wurde er augenblicklich zurückgepfiffen.

Wir setzten uns auf eine Bank im prächtigen Kremlpark. Bis zum nächsten Pfiff verging nie mehr als eine halbe Minute. Es fiel uns auf, daß es wenig Vögel gab. Auch Katzen und Hunde sahen wir selten. Die Kinder und jungen Leute waren wahrscheinlich in den Ferien. Wo aber waren die Vögel?

Das Lenin-Museum am Revolutionsplatz war großzügig eingerichtet und dementsprechend weitläufig. Vieles, was mit Lenin und seinem Leben zusammenhing, war ausgestellt. Da konnte man zum Beispiel seine Perücke sehen, die er in Schweden aus Tarnungsgründen getragen hatte. Daneben hing eine Photographie, die ihn in dieser Verkleidung zeigte. Wenn man Lenins kahlen, gut geformten Schädel in Erinnerung hatte, war er so kaum zu erkennen. Inge sprach davon, als ich nachdenklich über meine Glatze strich.

In einem besonderen Raum war sein tadellos gepflegter «Rolls-Royce» ausgestellt. Ein Oldtimer-Club würde vermutlich ein Vermögen dafür bezahlen. Wie in einem Modemuseum hingen Lenins Kleider in gläsernen Kästen. Daneben seine Schuhe und Hüte, alles in Grau und Schwarz.

Interessant waren die Darstellungen der historischen Zusammenhänge bei der Oktoberrevolution und beim Aufbau des Sowjetstaates. Besonders aufschlußreich war das, was verschwiegen wurde. Alle Aufschriften waren ausschließlich in russischer Sprache. Über einer Tür hing ein Spruchband, das so aussah, als ob es etwas Wichtiges aussagte. Inge übersetzte:

«Proletarier aller Länder, vereinigt euch!»

Lediglich in historisch bedeutungsvollen Ausgaben kommunistischer Zeitungen aus anderen Ländern sah man die uns vertrauten Schriftzeichen. Wie alte Bekannte wirkten neben den kyrillischen Buchstaben die deutschen, englischen oder französischen Wörter.

Das Museum besteht aus so vielen Räumen, daß wir die Kopie von Lenins Arbeitszimmer im Kreml eine halbe Stunde vor Ende des Besuchszeit noch nicht gefunden hatten. Inge fragte einen Wächter. Der blickte auf seine Armbanduhr und bemerkte, daß bald geschlossen werde. Inge fragte ein zweitesmal. Wortlos wies er die Treppe hoch. Welches Stockwerk? Er nannte eine Zahl. Wir fanden das Zimmer nicht. Inge fragte eine Wächterin, die, nicht uniformiert, auf einem Stuhl in einer Durchgangstür saß. Freundlich begleitete sie uns. Der Raum war ganz in der Nähe des «Rolls-Royce».

Die Einrichtung entsprach genau den Abbildungen, die ich aus den Lenin-Biographien kannte. Alles war mit großer Sorgfalt hergerichtet worden. Über die Absperrkordel konnte ich das Leder des Sofas berühren: es wirkte gepflegt und benutzt. Nur selten kam ein Besucher; die meisten gingen nach wenigen Minuten wieder. Ich konnte mir Lenin hinter dem Schreibtisch mit der grün beschirmten Lampe gut vorstellen. Außerhalb der Abschrankung waren auf einigen Regalen hinter Glas Bücher aus seiner Privatbibliothek ausgestellt. Ich sah deutsche, englische und französische Titel. Vielleicht stammten einige der deutschen Bücher aus seiner Zürcher Zeit. Zum Beispiel Ernst Mach, «Erkenntnis und Irrtum», oder Hartmann, «Weltanschauung der modernen Physik». Neben vielen anderen Titeln über exakte Naturwissenschaften fielen mir Schriften von Albert Einstein auf. Auch Erich Becher, «Philosophische Voraussetzungen der exakten Naturwissenschaften», war da.

Daß Lenin die exakten Naturwissenschaften ebenso wenig verstehen konnte wie Marx und Engels, liegt auf der Hand. Alle Ideologen, die mächtigen, die großen und die netten, kleinen, zeichnen sich dadurch aus, daß sie ihrem materialistischen Weltbild unverstandene Naturwissenschaften zugrunde legen. Eine Voraussetzung zum Verständnis der Naturwissenschaften ist, daß man sie studiert. Dies ist eine notwendige, wenn auch nicht hinreichende Bedingung. Beispielsweise studieren alle Chemiker und Physiker Naturwissenschaften. Zum Verständnis von Chemie und Physik sind außerdem noch erkenntnis-theoretische Studien erforderlich. Solche werden jedoch von den wenigsten Chemikern und Physikern betrieben, weil sie viel Zeit beanspruchen und bei der Anwendung der Naturwissenschaft für industrielle und militärische Zwecke hinderlich sind.

So betrachtet, tun die in der Wirtschaft tätigen Chemiker und Physiker dasselbe wie die Ideologen: sie verwenden unverstandene Naturwissenschaften zur Rechtfertigung ihrer Machtansprüche. Und es sind mehr Naturwissenschaftler der Wirtschaft hörig, als man gemeinhin denkt: auch Universitätsprofessoren. Die Ideologen sehen sich somit von einer Klasse, die sich Naturwissenschaftler nennt, in ihren Methoden bestätigt. Beider Erfolge beruhen auf der Anwendung materieller Macht. Die Techniker wollen die Erde, die Ideologen den Menschen durch einen maßlosen Einsatz von Maschinen mechanisieren.

Ihre Macht wird wachsen. Jede Maschine, die den Gesetzen der Physik nicht widerspricht, kann gebaut werden. Den Gesetzen des Lebens kann sie ohne weiteres widersprechen. Im Übermaß eingesetzte Maschinen widersprechen den Gesetzen des Lebens immer, weil alles Leben an unverrückbare und der Wissenschaft zum größten Teil verborgene Maßstäbe gebunden ist. Die Macht der Maschine wird wachsen, bis sie am Ende auch jene Form des Lebens zerstört, von der sie geschaffen wurde: den Menschen.

Lenins Bibliothek bringt deutlich sein Unverständnis der Naturwissenschaften zum Ausdruck. Auch ein Übermensch kann neben dem Studium solcher Bücher keine Revolution vorbereiten und durchführen. Eine gußeiserne Figur, die auf Lenins Schreibtisch steht, macht das Problem anschaulich. Es handelt sich um einen Affen, der mit der einen Hand seinen Kopf wie Rodins «Denker» aufstützt und in der anderen einen menschlichen Schädel hält, den er nachdenklich betrachtet. Als Sitz dient ihm Darwins Werk «Die Entstehung der Arten durch natürliche Zuchtwahl». Eine amüsante Note erhält der grübelnde Affe, der stets auf Lenins Pult gestanden haben soll, durch die Tatsache, daß es sich um das Geschenk eines echten Businessman handelt. Die Tischfigur stammt von Armand Hummer, der als erster Amerikaner mit Sowjetrußland Geschäfte machte.

Lenins Affe ist Symbol sowohl für den dialektischen als auch für den kapitalistischen Materialismus. Beiden Weltanschauungen dienen unverstandene Naturwissenschaften als Fundament. Physikalisch-chemisch funktioniert ein Affe genausogut wie ein Mensch.

Wenn die Weltindustrie soviel Petroleum gefördert haben wird, daß die Ölschicht auf dem Atlantik sich schließt, werden DIAMAT und KAPIMAT sich die Hände reichen.

Der gläserne Sarg

Es war einmal ein Mann, der wurde in einem großen Land, an einem breiten Strom, in einer kleinen Stadt geboren. Im Land herrschte ein böser König. Die Arbeiter und Bauern waren arm. In den riesigen Wäldern gab es Bären und Wölfe. Der Mann wollte den armen Leuten helfen. Aber der König verbannte ihn in die Wälder hinter einem Berg, wo die Sonne aufging. Von da floh der Mann in fremde Länder. Dort las er viele Bücher, um zu lernen, wie man den Armen helfen und den bösen König unschädlich machen kann. Als er genug gelesen hatte, schrieb er selbst Bücher. Dann kehrte er in sein Land zurück, half den Arbeitern und Bauern und tötete den König. Bald lebten die Arbeiter und Bauern so glücklich, daß die Menschen der ganzen Welt hoffnungsvoll auf das große Land mit dem breiten Strom und der kleinen Stadt blickten. Weil der Mann soviel lesen, schreiben und befreien mußte, wurde er krank und starb. Damit die Arbeiter und Bauern ihn immer sehen konnten, legte man ihn in einen gläsernen Sarg in einer Höhle vor dem Schloß des bösen Königs. Seit jener Zeit warten jeden Tag viele Menschen vor der Höhle, um ihren toten Befreier zu sehen. Da liegt er. Eine Zauberlampe beleuchtet nur Gesicht und Hände. Soldaten bewachen Tag und Nacht seinen Tod. Wenn er nicht auferstanden ist, wachen sie heute noch.

Der Rote Platz in Moskau ist einer der schönsten Plätze der Welt. Wie mir Inge erklärte, klingen im Russischen die Wörter «rot» und «schön» ähnlich. Es soll Philologen geben, die über die etymologischen Zusammenhänge streiten. Wie dem auch sei, der Rote Platz ist schön!

Die weite Fläche ist leicht gewölbt. Im Südosten, hinter der Wölbung, ragen die farbig gewundenen Turmkuppeln der Basilius-Kathedrale, erstarrten Fackeln gleich, in den Himmel. Wenn man von Nordwesten, von der Manege her, den Roten Platz betritt, taucht die Kirche auf wie ein Schiff an der Kimm. Heute ist die Basilius-Kathedrale ein Museum. Napoleon verwendete den aus der Zeit Iwans des Schrecklichen stammenden Bau als Pferdestall. Um seinem Kulturgefühl noch nachdrücklicher Ausdruck zu verleihen, befahl er dem General

Lariboisière, die Kathedrale vor dem Abzug zu sprengen. Da dieser etwas überstürzt vor sich ging, blieb dem General keine Zeit mehr, den Auftrag lückenlos auszuführen.

Rechts gebietet die hohe Kremlmauer, ausgespannt zwischen dem Erlöser- und dem Nikolausturm, der weiten Fläche Halt. Links grüßt aus einer Baumallee lustig das Fin de siècle. Hinter den Jugendstilfassaden summt jetzt das riesige staatliche Kaufhaus GUM vor Betriebsamkeit. Nahezu alles, was die Sowjetunion an Gebrauchsgütern produziert, ist hier zu haben. Im Rücken bergen die rostbraunen Backsteinfassaden des Historischen Museums die Geschichte Rußlands.

Mitten auf diesem Platz, gegen die Kremlmauer hin, liegt, wie ein großes Depot von roten, polierten Granitquadern, das Lenin-Mausoleum. Vor der schweren Bronzetür stehen in Galauniform unbeweglich zwei Wachen mit Gewehr und aufgepflanztem Bajonett. Wenn die Besuchszeit vorüber ist, bleibt die Tür angelehnt, so daß man durch einen handbreiten Spalt die Finsternis des Grabes sehen kann. Jede Stunde lösen sich die Wachen im Stechschritt ab. Und zwar mit einer Präzision, die den mechanistischen Grundlagen des dialektischen Materialismus vollauf gerecht wird.

Über dem Eingang steht, in kyrillischen Lettern mit Steinen eingelegt und poliert, LENIN. Von 1953 bis 1961 stand da auch STALIN. Dann wurde der dialektische Mechanismus repariert. Lenin muß jetzt wieder allein in der klimatisierten Kammer liegen. Stalin liegt gleich um die Ecke an der Kremlmauer. Mit Erde, nicht mit Glas zugedeckt. Darauf steht seine Büste. Die Ägyptologen sagen, ein steinerner Kopf halte länger als ein balsamierter.

An jenem Morgen schliefen wir zu lange. Statt um neun Uhr waren wir erst gegen Mittag dort. Die Schlange der Wartenden zog sich vom Mausoleum über den Roten Platz, der Kremlmauer entlang, am Historischen Museum vorbei und hinein in den Alexandergarten bis zum Dreieinigkeitstor. Die Menschen warteten in einer Zweierkolonne von nahezu einem Kilometer Länge. Tamara, die «Intourist»-Agentin, hatte uns gesagt, daß mit Wartezeiten bis zu vier Stunden gerechnet werden müsse. Fünfzig Millionen hätten bis jetzt den toten Lenin gesehen. Wir stellten uns hinten an.

Die Sonne brannte, die Bäume des großzügig angelegten Alexandergartens spendeten Schatten. Frauen verkauften Eis. Schon nach kurzer Zeit waren wir nicht mehr die letzten in der Schlange. Das gab uns, die wir zu spät aufgestanden waren, eine gewisse Befriedigung. Wer mag an diesem Tag der letzte gewesen sein? Aber bald stockte die Bewegung, die uns in kleinen Schritten vorwärtsgebracht hatte. Noch waren wir nicht unter der Brücke des Dreieinigkeitstores hindurch. Was war der Grund? Inge erfuhr, daß die Schlange auch von einer zweiten Seite her gespeist wurde. Warten ohne Bewegung ist schwerer zu ertragen. Wir hatten Glück, unser Warteplatz lag im Schatten eines Baumes. Die Zweierreihe löste sich langsam auf. Alles drängte nach vorn. Plötzlich hupte, surrte und pustete es: eine Straßenkehrmaschine zerschnitt die geblähte Schlange. Sie wurde von einer korpulenten Frau gefahren. Die Schnittstelle schloß sich sofort wieder.

Mit kurzen Schritten ging es vorwärts. Durch den Alexandergarten der Arsenalmauer entlang. Vorbei an den Gedenksteinen der großen Schlachten des Zweiten Weltkrieges: KIEW, WOLGOGRAD (kein Hinweis auf den früheren Namen Stalingrad), SEWASTOPOL, ODESSA, LENINGRAD. Dann kam, umgeben von Plastikblumen, die Gasflamme für den Unbekannten Soldaten. Einige echte Blumen welkten in Gläsern still vor sich hin.

Schon waren zwei Stunden verstrichen. Für diejenigen, die vorher etwas vergessen hatten, kam zwischen der Kremlmauer und dem Historischen Museum die Erlösung. Eine Ordnungshüterin mit Armbinde sorgte dafür, daß nicht der kürzeste Weg, über den Rasen, genommen wurde. Die Treppe für die Männer führte auf der rechten Seite nach unten. Ich hätte ruhig hingehen können, der Platz in der Schlange wurde respektiert. Inge wurde von einem Polizisten aus der Reihe geholt. Er wies auf eine Tür im Historischen Museum. Dort mußte sie ihren Photoapparat abgeben. Andere auch. Man gab ihr eine Quittung mit einer Nummer.

Hinter der Krümmung des Roten Platzes tauchte das quaderförmige Mausoleum auf. Eine Viertelstunde später standen wir vor dem Dunkel der geöffneten Bronzetür. Die Wachen verharrten unbeweglich und blickten sich gegenseitig in die Augen. Neben ihnen stand ein Beamter in Zivil, der die Eintretenden scharf musterte.

Vor uns ging ein junger Mann in Hemd und Hose. Das Hemd bildete über dem Gürtel einen Wulst. Mit raschem Griff tastete der Zivilist diese Stelle ab. Der Junge drehte sich um. Eine scharfe Frage wurde geflüstert. Achselzucken. Ein zweiter Griff nach dem Hemdwulst. Der Mann wurde aus der Reihe gezogen. Wir traten in das Dämmer der Gruft. Stufe um Stufe ging es nach unten.

Jetzt! Aus einem gläsernen Sarg leuchteten Gesicht und Hände. Alles übrige war ein dunkler Anzug von der Machart, wie wir sie im Lenin-Museum gesehen hatten. Um ihn herum schritten die Menschen ein großes U ab. Alle Gesichter waren nach dem Einen hin gerichtet. Es herrschte Totenstille. Zu beiden Seiten stand je eine Wache, erstarrt wie Er selbst. Auch in jeder Ecke der Gruft. Plötzlich sehe ich vor meinem Gesicht eine Hand mit zwei erhobenen Fingern. Ein Wachposten war aus seiner Ecke hervorgetreten und deutete uns auf diese Weise, daß wir die Zweierkolonne einhalten sollten. Wir gehorchten unverzüglich.

Etwa eine Minute lang hatten wir den toten Lenin gesehen. Durch eine Hintertür traten die Menschen hinaus unter den freien Himmel. Er war blau. Die Sonne warf den Schatten der Kremlmauer über die Gräber großer Revolutionäre und verdienter Kommunisten. Nicht alle waren da. Nicht alle durften da sein. Nur diejenigen, die recht hatten. Zum Beispiel ist Leo Trotzki nicht da. Leo hatte nicht recht. Das hat Stalin gesagt, der da ist. Rosa Luxemburg hatte auch nicht recht. Das hat Lenin gesagt. Diejenigen, die zur Zeit gerade recht hatten, saßen hinter der Kremlmauer.

Kronleuchter beherrschten die Eingangshalle des Hotels «Ukraine». Sprachen aus aller Welt erfüllten – lauter und leiser – den weiten Raum. Am leisesten waren die Japaner. Einzeln oder in Gruppen bewegten sich die Menschen über die Teppiche und blanken Marmorfliesen. Mitten am Tag konnte man Staubsauger summen hören. Alles war blitzsauber.

Architekten für modernen Wohnungsbau hätten in dieser Halle ohne weiteres sechs Stockwerke «komfortabler» Wohnungen übereinanderstellen können, ohne daß sich jemand hätte bücken müssen. Wer rationell bauen will, muß genau wissen, wie hoch ein Mensch ist.

Um die Ecke, rechts und links, setzte sich die Halle in gleicher Höhe und mit denselben Kronleuchtern fort. Rechts war das Restaurant. Wie auf dem farbigen Prospekt abgebildet, mit prächtigen, mit Porzellan und Kristall gedeckten Tischen. Auch die Kellner entsprachen der Abbildung in dem Prospekt: sie standen herum, und es war nicht so leicht, wenigstens einige von ihnen vorübergehend von der auf der Photographie eingenommenen Haltung abzubringen.

Weiter hinten in der Hotelhalle führten zwei Treppen zu einer Art Empore hinauf. Hier gab es Schaukästen. Zwischen den darin ausgestellten Gegenständen lag in regelmäßigen Abständen eine Laubsägearbeit aus Plastik: ein lateinisches S, zweimal längs durchgestrichen. Alles war englisch angeschrieben. Nur neben der Kasse hing ein Schild in kyrillischer Schrift. Es war der einzige russische Text in diesem Laden. Inge übersetzte:

«Sowjetbürger dürfen nur mit besonderer Bewilligung einkaufen.» Das Angebot bestand aus russischen Souvenirs und Delikatessen. Aber auch ausländische Zigaretten und Schnäpse waren zu haben. Bezahlen konnte man nur in fremder Währung. Die Preise waren beachtlich. Mit Ausnahme der Schnäpse. Eine Flasche schottischer Whisky kostete nur etwa halb soviel wie in westlichen Ländern. An der Qualität war nichts auszusetzen – wir haben mehrere Flaschen probiert. Bei den Souvenirs waren die laubgesägten Dollarzeichen die einzigen Gegenstände, denen man ansah, daß sie mit Sicherheit handgearbeitet waren.

Auf der linken Seite der Halle glitzerte das Kristall von der Decke eines großen Büroraumes. An der hohen Eingangstür stand geschrieben: «Intourist». Zu beiden Seiten saßen Damen hinter Pulten. Jede hatte ein Telephon, und jede war für ein bestimmtes Gebiet zuständig: Flugzeuge, Autobusse, Eisenbahnen, Taxis, Geld, Hotels, Theater oder auch für besondere Wünsche. Wo die Pultreihen endeten, war auf der großen Wand freskoartig ein Stadtplan von Moskau dargestellt.

Als ich das Arbeitstempo der «Intourist»-Agentinnen sah, kamen mir zuerst Bedenken. Die Touristen waren sehr zahlreich, und ohne «Intourist» gibt es in Rußland kein Reisen. Daß die Damen dennoch selten beansprucht wurden, erstaunte und beruhigte mich. Sie waren stets für mich da. Von den vielen Menschen in der Hotelhalle suchten nur wenige das «Intourist»-Büro auf. Bald erfuhren wir den Grund: Die meisten reisten in Gruppen, so daß nur die Reiseleiter sich mit den Transport- und Unterkunftsproblemen auseinandersetzen mußten.

Auch andere Erlebnisse wurden den Gruppenreisenden vorenthalten. Zum Beispiel in den Restaurants. Die erste Frage des Kellners lautete:

«Gruppe?»

«Nein», war unsere Antwort.

Dann durften wir von einem besonderen Tisch aus die mit Vorspeisen beladenen Tafeln betrachten. Das konnten wir jeweils in aller Ruhe tun. Kellner und Kellnerinnen respektierten unsere Privatsphäre und ließen uns gerne eine halbe Stunde ungestört. Auf diese individuelle Behandlung mußten die Gruppenreisenden verzichten. Aber das ist auch in jenen Ländern so, wo nicht ohnehin alle gleich sind.

Die Eisenbahnagentin hatte den russischsten Blick von allen «Intourist»-Damen. Schon zum drittenmal sah ich in ihre blauen, melancholisch-abwesenden Augen unter dem üppigen dunklen Haar. Immer mehr begann ich Dostojewski zu verstehen. Kaum wahrnehmbar kommt es auf einen zu und ist plötzlich mit einer naturgesetzlichen Unabänderlichkeit da. Um das zu beschreiben, braucht es Hunderte von Seiten, auf welchen aus tausend Einzelheiten die Wucht einer Ganzheit gebildet wird. Aber wer Dostojewski nur gelesen hat, wird ihn nie erfühlen: Blicke entstehen nur, wenn man sich in die Augen schaut.

Das war zwei Tage, bevor wir unsere Reise mit der Transsibirischen Eisenbahn fortsetzen sollten. Morgen sollten die Tickets bereit sein. Nowosibirsk, Irkutsk, Chabarowsk – eine Woche Eisenbahn. Ich fühlte, daß hinter mir jemand stand, der zusah, wie die Russin mir versicherte, daß am anderen Tag alles bereit sein werde. Ich drehte mich um. Es war ein junger, glatt rasierter Mann mit einem sauberen Scheitel und schmutzigem Hemd. Er sah Inge und mich an wie ein Standesbeamter, der im Begriff ist, einem jungen Mädchen von der wilden Ehe abzuraten. Wir gingen.

Vor dem Hotelportal blieben wir stehen und versuchten auf einem Stadtplan von Moskau zu ergründen, wie die verschiedenen Untergrundbahnstationen mit den nicht eingezeichneten Linien verbunden sein könnten. Bessere Karten gab es nicht. Wir wollten zur Tretjakow-Galerie. Die Sonne schien. Auf der Karte tauchte der Schatten eines Kopfes auf. Wir drehten uns um. Es war der Mann von vorhin.

«Hello!»

«Good morning.»

«Mein Name ist Douglas R..., ich komme aus New York. Woher kommen Sie?»

«Switzerland.»

«Ich habe zufällig gehört, daß Sie Tickets für die Transsibirische Eisenbahn bestellt haben.»

«Ja.»

«Ich komme soeben von der Transsibirischen. Wir waren in Japan, meine Frau und ich. An der Weltausstellung. Eine ganze Woche waren wir ununterbrochen im Zug.»

Dabei musterte er uns von oben bis unten.

«Sie kommen aus der Schweiz?»

«Ja.»

«Dann rate ich Ihnen dringend von einer Reise mit der Transsibirischen Eisenbahn ab. Alles ist schmutzig! Wir konnten uns eine ganze Woche nicht waschen. Die Toiletten! Terrible. Es gibt nur Schlafwagenabteile für vier Personen.

Frauen und Männer durcheinander. Die Leute essen in den Abteilen Zwiebeln! Sehen Sie mein Hemd an. Ich konnte mich nicht waschen. Es gab nur kaltes Wasser.»

Douglas sah mich prüfend an. Mir mußte ein Lächeln entwischt sein. «It's true! Die fahren mit Dampflokomotiven. Im Speisewagen gibt es eine zwanzigseitige Karte. Gegen Ende der Fahrt hatten die nichts mehr zu essen. Wir mußten das Essen bei Marktfrauen auf den Bahnhöfen kaufen.»

Douglas schaute auf Inge:

«Sollten Sie trotzdem fahren, vergessen Sie nicht, WC-Papier mitzunehmen. Der Zug hält nirgends länger als eine Viertelstunde. Er fährt ohne Signal ab. Einmal mußten wir aufspringen. Sie fahren immer nach Moskauerzeit, so daß man nie weiß, wie spät es ist. Sieben Tage waren wir auf diesem Zug. Terrible! Ich habe geschworen, alle meine Freunde zu warnen. Die essen Zwiebeln!»

Wir danken für die Hinweise. Er gab mir seine Karte, auf die er seine Zimmernummer schrieb, und sagte, daß er zu weiteren Auskünften gern bereit sei. Er und seine Frau würden noch eine Woche in Moskau bleiben. Dann hätten sie die Absicht, zur Erholung in die Schweiz zu reisen. Ich hatte den Eindruck, daß es ihm schwerfiel, seinen Vorrat an Auskünften nicht an Ort und Stelle vor uns auszubreiten. Er fuhr fort:

«Nur Russen reisen mit der Transsibirischen Eisenbahn. Die Touristen fliegen. Bis nach Moskau gibt es keine Farben. Die Häuser sind nicht verputzt. – Das Fliegen ist in Rußland nicht viel teurer als die Bahn. Sieben Tage waren wir in diesem schrecklichen Zug! Eine dicke Frau kam auf einer Station in unser Abteil und legte sich sofort hin und stand zwei Tage lang nicht mehr auf. Als sie ausstieg...!»

Douglas hielt sich die Nase zu. Wir bedankten uns noch einmal. Offensichtlich schien er von seinen Schilderungen eine größere Wirkung erwartet zu haben:

«Fahren Sie die ganze Strecke mit der Bahn?»

«Ja.»

«Fahren Sie mit dem Schiff nach Japan?»

«Nein.»

«Fliegen Sie?»

«Wir fahren überhaupt nicht nach Japan.»

«No!?»
«Nein.»
«Wohin denn sonst?»
«Zurück.»
«Nach Moskau?»
«Ja.»
«Mit dem Flugzeug?»
«Wir haben die Fahrkarten hin und zurück gelöst.»
«Oh!»
Douglas musterte uns mit verhaltenem Mißtrauen und versicherte noch einmal, daß er zu weiteren Auskünften gern bereit sei.

Nach dem Besuch der Tretjakow-Galerie trafen wir ihn mit seiner Frau im Hotelrestaurant. Er gab ungefragt weitere Auskünfte. Ihre Wirkungslosigkeit veranlaßte ihn zu der Bemerkung, daß wir Pioniergeist haben müßten.

Ich fragte Douglas nach seinem Beruf. Er sei Seeoffizier bei der US-Navy und amerikanischen Handelsflotte: Navigator. Das russische Wort dafür heißt «Schturman» (Steuermann). Zur Zeit der Großen Katharina wurde manches deutsche Wort übernommen.

Douglas zeigte uns Photographien von ihm und seinen Schiffen. Tadellose Uniform und alles blitzsauber. – Ich dachte an Herman Melville, Joseph Conrad und Antoine de Saint-Exupéry.

Von allen Führerinnen und Führern, die uns «Intourist» auf dieser Reise zugeteilt hatte, war Tamara die beste. Ihr perfektes Englisch war unsere einzige Begegnung mit der berühmten Sprachbegabung der Russen. Außerdem blieb sie keine Antwort schuldig und hatte Ausreden bereit, die geistreich waren.

Dem dialektischen Materialismus getreu, bezogen sich alle Aspekte ihrer Erklärungen und Kommentare auf Quantitäten. Wie in der Physik, der Quelle ihrer und ihrer Genossen Weltanschauung, spielten Qualitäten eine untergeordnete Rolle. Miß- und unverstandene Naturwissenschaften verführten Marx und Lenin und andere große und kleine Ideologen zu dem Irrtum, daß sich die Qualitäten der Welt aus einer hinreichenden Summe von Quantitäten ergäben. Was «groß» und «klein» anbelangt, ist es schwierig, den Verdacht loszuwerden, daß Ideologen von geschichtlichen Zufällen «groß» oder «klein» gemacht werden.

In Anbetracht der Tatsache, daß es eine beachtliche Zahl von Universitätsprofessoren der naturwissenschaftlichen Fächer gibt, die zu wissen glauben, daß die Welt aus nichts anderem als Atomen besteht, ist die fehlgegriffene Schlußfolgerung der Ideologen begreiflich. Unbegreiflich ist der Erfolg, den sie damit hatten. Aber politische Erfolge bleiben letztlich immer unbegreiflich. Die sogenannte Dummheit oder Trägheit der Massen reicht zu einer Erklärung nicht aus. Viel eher dürften die materiellen Interessen der Einzelnen ein Hinweis für die Geheimnisse politischer Macht sein.

Auf große und größte Dinge machte uns Tamara aufmerksam. Ihr roter, voller Mund sprach viele Zahlen. Ich kann mich nicht erinnern, daß auf dieser Autobusfahrt durch Moskau das Wort «schön» über ihre Lippen, die diesem Begriff immerhin nahestanden, gekommen war. Ob Moskau eine schöne Stadt ist, ist für die Weltanschauung, die von Tamara erwartet wird, bedeutungslos. In der Physik existieren Begriffe wie «schön», «häßlich», «gut» oder «böse» nicht. Im dialektischen Materialismus konsequenterweise auch nicht; solche Qualitäten sind Nebenerscheinungen der gepriesenen Quantitäten. Moskau braucht keine schöne Stadt zu sein; aber groß muß sie sein. Sie muß die größte werden. Größer als alle amerikanischen Städte.

In jenen Ländern, wo die Grundlage der Weltanschauung materialistisch ist, verschwindet die Schönheit der Städte. Dies ist ein Hinweis, daß auch der Westen bis auf den Grundgehalt materialistisch orientiert ist. Die Schweiz, oftmals das Herz Europas genannt, wird mit jedem Tag häßlicher. Die Schönheiten der Landschaften und Städte werden von Beton, Maschinen, Asphalt, Aluminium und Glas verschlungen. Die von Menschenhand geformten Teile der Erde sind stets ein Abbild von Geist und Seele, die die Hände gelenkt haben. Ob dialektischer oder kapitalistischer Materialismus, spielt keine Rolle. DIAMAT und KAPIMAT werden sich irgendwo in der Mitte einer globalen Produktions-Konsumations-Fabrik die Hände reichen.

Das Wesen der Schönheit ist nicht Materie. Schöne Dinge sind nicht fabrizierbar.

Tamara gab Auskunft über die Lohnverhältnisse in der Sowjetunion. Der niedrigste Lohn sei sechzig, der höchste sechshundert Rubel im Monat. Ein Amerikaner fragte, ob Mister Breschnew, der Regierungschef, auch nicht mehr verdiene? Und wo er wohne, Mister Breschnew? Tamara antwortete augenblicklich: «Mister Breschnew verdient nicht mehr und er wohnt in einem Appartementhaus, das ich Ihnen zeigen will, während wir vorbeifahren.» – Tamara zeigte das Haus nicht. Vielleicht vergaß sie es, oder wir sind nicht durch die betreffende Straße gefahren. In den Kleidergeschäften stellten wir später fest, daß ein Mantel sechzig Rubel kostet.

Als wir durch den Kalininprospekt fuhren, wies Tamara auf eine Reihe von Schaufenstern: «Dies ist der größte Bücherladen der Welt. Jedes Buch, das es gibt, kann man hier haben!» Der Autobus trieb im Verkehrsstrom hinunter zur Moskwa, dann über die Brücke zu unserem Hotel.

Wir gingen zurück, über die Brücke, den Kalininprospekt hinauf bis zum größten Bücherladen der Welt.

Die Buchhandlung war zweistöckig und zweifellos groß. In den Regalen und auf den Auslegetischen erschienen die Namen Lenin, Marx und Engels wie Löwenzahnblumen auf einer Frühlingswiese. Manchmal dichter, manchmal lockerer. Sicher war niemand erstaunt, daß es keine Bücher von Rosa Luxemburg, Karl Liebknecht oder Leo Trotzki gab. Daß Stalins Werke nicht auflagen, war immer noch selbstverständlich. Inge übersetzte mir zufällig herausgegriffene Titel. Die Autoren waren Legion. Man konnte alle Bücher haben; alle, die es in Rußland gab.

Rußland ist unvorstellbar groß. Es reicht von den gotischen Kathedralen Europas bis in jenen Fernen Osten, der mit dem Wasser der Beringstraße den fernen Westen Amerikas berührt. Um mehr als neun Stunden muß am Ostkap die Uhr gegenüber Moskau vorgestellt werden. Rußland braucht viele Bücher, damit im größten Bücherladen der Welt alle Bücher, die es gibt, gekauft werden können. In der Sowjetunion ist Autor das, was sich einige westliche Autoren wünschen: ein Beruf mit Staatsgarantie. Die Garantie beruht auf Gegenseitigkeit: Der Autor muß für seine Gesinnung garantieren.

Am sichersten garantieren die toten Autoren für ihre Gesinnung. Da waren Klassiker aus Rußland und dem Westen. Die drei Tolstoi, Dostojewskij, Puschkin, Lermontow, Tschechow und natürlich Gorki. Shakespeare, Molière und Schiller sind wir begegnet. Von den modernen fehlten die meisten: kein Becket, Faulkner, Majakowski, Sacharow, Solschenizyn, Amalrik oder Pasternak. Gide, Sartre und Dürrenmatt dagegen waren vertreten. Brecht fiel zumindest nicht auf.

Mit Hilfe eines Meßbandes könnte man ohne Schwierigkeiten feststellen, ob am Kalininprospekt zu Moskau der größte Bücherladen der Welt steht.

Wir haben in Rußland keine Buchhandlung gesehen, die nicht voll von Menschen gewesen wäre. Dicht drängten sich Passanten um die Bücherstände, die da und dort in den Straßen von Verkäufern aufgestellt wurden. Es handelte sich nicht um Sensations-, Sex- und Schundillustrierte, mit welchen die Kioskwände der westlichen Städte tapeziert sind. Bücher über Blumen, Sträucher, Bäume und Tiere, kunstgeschichtliche

Die Frauen verrichten die gleiche Arbeit wie die Männer – eine schwere Arbeit. Sie spucken dabei auch aus wie die Männer.

ПЕРРОН-
МАГАЗИН

КИ
А ТЕКА
ПЕНСНЕ

ПЕРЕХОДИ ПУТЬ
ОД ПРЯМЫМ УГЛОМ
е становись
НА РЕЛЬСЫ И СТРЕЛОЧНЫЕ ПЕРЕВОДЫ
Будь внимателен
ПРИ НАХОЖДЕНИИ
НА ПУТЯХ!
ВАГОННИК!
ПЕРЕД ОПРОБОВАНИЕМ АВТОМАТИЧЕСКИХ ТОРМОЗОВ В ПОЕЗДЕ УБЕДИСЬ В ТОМ, ЧТО ВСЕ РУКОВА СОЕДИНЫ, А КОНЦЕВЫЕ КРАНЫ ОТКРЫТЫ.
ПОМНИ,
ЧТО ОТПРАВЛЕНИЕ ПОЕЗДА С ПЕРЕКРЫТЫМИ КРАНАМИ МОЖЕТ ПРИВЕСТИ К ТЯЖЕЛЫМ последствиям!

Werke und Klassiker wurden angeboten. Wir drängten uns dazu und sahen, daß die Bücher gekauft wurden. – In der Transsibirischen Eisenbahn reiste in unserem Abteil ein Lokomotivführer mit. Er kannte Werke von Balzac, Zola, Victor Hugo, Lermontow und Turgenjew.

Die Größe eines Bücherladens ist belanglos, weil die Wahrheit weder breit, noch hoch, noch lang ist. Ihre Größe hat Dimensionen, die es in der Physik nicht gibt. Die Wissenschaft ist nicht in der Lage, zu sagen, wie die Menschen leben sollen. Eine Rechnung kann höchstens richtig sein. Wahrheit und Richtigkeit unterscheiden sich voneinander wie Leben und Maschine. Eine richtige Rechnung kann ohne weiteres unwahr, ja Mittel zur Lüge sein. Sie ist sicher unwahr, wenn mit dem Resultat etwas gemacht wird, das das Leben gering achtet. Moderne Waffen sind ohne richtige Rechnungen nicht möglich. Da die Rechnungen sehr kompliziert und schwierig sind, können sie nur von dafür ausgebildeten Menschen gelöst werden. Generäle und Politiker verstehen nicht genug von Physik und Chemie. Die intelligenten Menschen, die die schwierigen Rechnungen lösen, heißen Wissenschaftler.

Die Naturwissenschaften und die Technik waren im größten Bücherladen der Welt in einem Maße vertreten, wie es von den Ideologen des dialektischen Materialismus erwartet wird. Etwa die Hälfte der Regale und Tische waren damit belegt. Intelligente Gesichter beugten sich über Elektronik, Kybernetik, Thermodynamik, Kernphysik, Tensoranalysis oder einen anderen Teil von jenen Dingen, deren Summe Naturwissenschaft genannt wird. Generäle, Politiker und andere Geschäftsleute waren nicht zu sehen.

Nach jahrzehntelangen Schmerzen konnten sich die marxistisch-leninistischen Ideologen zur Anerkennung der Relativi-

Oben: Schaufenster einer Apotheke am Kalinin-Prospekt in Moskau. Man empfiehlt sich für die Ausführung von Brillen- und Zwickerrezepten. Medikamente sind gratis.

«Vorsicht beim Betreten der Geleise»

tätstheorie von Albert Einstein durchringen. Vorher hatten die sowjetischen Physiker auf einem absoluten Weg zu den relativistischen Resultaten zu kommen. Zum Beispiel bei der Herstellung der Atombombe. Jetzt dürfen sie beim Baden naß werden. Ein Buch über Einstein habe ich mir gekauft: die russische Übersetzung von John Archibald Wheeler, «Einsteins Vision», 1968 im Springer-Verlag herausgekommen. Es müßte interessant sein, herauszufinden, ob es bei der Übersetzung ideologische Schwierigkeiten gegeben hat.

Häuser aus dem Moskau der Jahrhundertwende umsäumten mit ihren weißverhüllten Farben den weiten Platz: meist ocker, blau oder grün. Die Sonne brannte auf den flimmernden Asphalt, harte Schatten zeichneten dunkle Flächen in das volle Licht.

Der Taxichauffeur stellte unser Gepäck Stück für Stück auf den Boden. Wortlos. Zuletzt meine Büchertasche. Ein etwa dreijähriges Mädchen verfolgte mit großen, dunklen Augen aufmerksam seine Bewegungen. Ihr blondes Haar leuchtete in den Sommertag. Das Kind saß auf einem vielbenutzten, kleinen Koffer zwischen Tragkörben eingekuschelt. Alles Gepäck war kräftig verschnürt. Seine Mutter stand daneben. Unsere Blicke trafen sich; das Kind lächelte und zog sich schmiegend in seine Nische zurück. Sein Kleidchen war frisch gebügelt, das seiner Puppe auch. Die kleinen Schuhe glänzten.

Unser Taxichauffeur war verärgert. Er hatte uns um einen Kugelschreiber gebeten und wir konnten ihm keinen geben, weil diese irgendwo zuunterst im Gepäck lagen. Die angebotenen amerikanischen Zigaretten lehnte er mit einer ärgerlichen Handbewegung ab, stieg ein und fuhr davon. Bezahlt hatte Intourist. Wahrscheinlich hatte der Chauffeur in seinem Ärger vergessen, uns einem Intouristagenten zu übergeben. So ließ er uns mitten auf diesem Platz stehen, auf welchem viele Menschen mit ihrem Gepäck warteten. Die Erwachsenen standen zwischen Stapeln von Koffern, Schachteln und Körben, auf welchen Kinder saßen. Sie sprachen entweder leise oder gar nicht. Ich habe noch nie einen Platz mit so vielen Menschen und so wenig Stimmen gesehen.

Der Bahnhof sah aus wie irgendein Bahnhof. Inge fragte, welcher Bahnhof es sei. Die Antwort war freundlich: der Jaroslaw-Bahnhof. Ob die Transsibirische Eisenbahn von hier wegfahre? – Ja!

In der Halle waren Reihe an Reihe lange Bänke aufgestellt. Die Wartenden saßen dicht aneinandergedrängt, das Gepäck vor ihnen. Die Kinder waren ruhig. Auch in der Halle gab es wenig Stimmen. Von nirgends her kam ein Lachen.

Der dritte Gepäckträger wußte, wo der Transsibirische Zug war. In vierzig Minuten sollte er abfahren. Die Intouristagentin im Hotel hatte an unsere Fahrkarten einen Zettel geheftet, auf dem die Nummern von Wagen und Plätzen geschrieben waren.

Da stand er, ein Zug mit mehr als zwanzig der großen, hochbeinigen russischen Eisenbahnwagen. Sie waren dunkelgrün mit einem gelben Streifen über den Fenstern, der bei uns die erste Klasse kennzeichnet. Wie wir sehen konnten, hatten in Rußland beinahe alle Wagen einen gelben Streifen. Der Zug hatte den Namen «Rossija». Die Wagen waren direkt, an jedem hing ein Emailleschild: «Moskau–Wladiwostock».

Die Passagiere spazierten auf dem Bahnsteig. Sie hatten ihre Kleidung der langen Reise angepaßt. Die meisten trugen hellblaue Trainingsanzüge und Turnschuhe. Ein dicker, kahlköpfiger Mann in einem braun und gelb gestreiften Pyjama fiel uns auf. Beim Einsteigen mußte er sich in acht nehmen, daß ihm die ausgetretenen Pantoffeln nicht von den Füßen fielen.

Vor den Wagentüren standen die Schaffnerinnen in grauen Uniformröcken und individuellen Blusen. Die Röcke waren kurz, sie endeten einige Zentimeter über den Knien. Nur wenige trugen Jacke und Mütze. Es war ein heißer Tag.

Vor dem Wagen Nummer sechs stand eine Schaffnerin mit besonders kräftiger Statur. Sie mochte gut vierzig sein. In ihrem breiten, sprechenden Gesicht waren Augen, aus welchen der Schalk blickte. Es war Sympathie auf den ersten Blick. Sie hatte uns schon von weitem fixiert, gerade als ob sie gewußt hätte, daß wir zu ihrem Wagen kommen. Später fanden wir heraus, daß sie es gewußt hatte. Während unserer Reise setzte Intourist in der Transsibirischen Eisenbahn alle Ausländer in die Wagen Nummer sechs. Zuerst waren wir erstaunt, daß die Agenten auf den Bahnhöfen uns stets sofort fanden; das heißt, vor dem richtigen Wagen warteten.

Sie verlangte unsere Fahrkarten. Die waren aus rosa Zeitungspapier mit eingehefteten Blättern für die einzelnen Reiseetappen. Russische und englische Texte beschrieben Leistungen und Bedingungen der USSR Railways. Es waren auch Abschnitte dabei, auf welchen stand: «Gültig für einen Satz Bettwäsche zum Gebrauch für nicht mehr als fünf Tage.» Die

Schaffnerin führte uns zu einem leeren Abteil mit vier Schlafwagenbetten. Ihre Kollegin brachte die Wäsche und Wolldecken. Es gab nur solche Abteile. Zu viert kann es auf der langen Fahrt eng werden.

Jeden Morgen um 10 Uhr 05 fuhr der Zug «Rossija» («Rußland») vom Jaroslaw-Bahnhof in Moskau nach Wladiwostock. Über den Ural, durch Sibirien bis an das Japanische Meer. Mehr als neuntausend Kilometer weit. In der Dorfschule von Muttenz hatte uns der Lehrer Zwicky gesagt, dies sei die längste Eisenbahn der Welt; die Reise dauere zwei Wochen. Immer noch ist es die längste Eisenbahn der Welt; die Reise dauerte jetzt eine Woche. Nirgends hielt der Zug länger als eine Viertelstunde. Jeder Wagen wurde von zwei Schaffnerinnen betreut, Schaffner waren Ausnahmen. In Wladiwostock hatte der Zug acht Stunden Aufenthalt. Dann fuhren die gleichen Wagen mit der gleichen Besatzung wieder nach Moskau zurück. Das bedeutete für diese Frauen zwei Wochen harte Arbeit: Tag und Nacht in der rollenden Transsibirischen Eisenbahn. Die Schaffnerinnen erzählten Inge, daß sie zwischen zwei Reisen jeweils vierzehn Tage Urlaub in Moskau hätten.

Um mir die Lokomotive anzusehen, stieg ich noch einmal aus. Als ich zu unserem Wagen zurückkehrte, eröffnete mir Inge, daß wir Reisegefährten bekommen hätten. Ihre Koffer lagen auf den beiden anderen Betten. Lederkoffer mit Anhängeetikette: Dr. H.B.S., Zürich. Die Eigentümer waren nicht dabei. Fragend blickte ich Inge an. Ihr Lächeln war auf eine Weise vieldeutig, die ich kannte. Dann kamen die beiden, ein Vater mit seinem Sohn. Bei der Begrüßung hatte ich den Eindruck, daß ihre Vorstellungen von der Transsibirischen Eisenbahn durch unsere Gegenwart gestört wurden. Verständlicherweise erwarteten sie hier endlich echtes Rußland zu sehen, nachdem sie von Zürich nach Moskau geflogen waren.

Im nächsten Abteil reisten zwei deutsche Studenten. Alle anderen Passagiere waren Sowjetbürger.

Pünktlich auf die Minute fuhr der Zug ab. Die elektrische Lokomotive zog kräftig an. Nach zehn Minuten hatten wir die Vororte erreicht, die von vielen Bäumen und freundlichen Gärten durchsetzt waren. Fast nur die Fabriken waren hier aus Stein. Die Holzhäuser versprachen Wärme. Nichts erinnerte an die russischen Winter; es sei denn die doppelt verglasten Fenster der Eisenbahnwagen. Der Dienst sei im Winter nicht so streng, sagten die Schaffnerinnen. Die Russen vermieden dann das Reisen. – Die Herren Napoleon und Hitler hätten sich erkundigen sollen.

Fabriken, die man bei uns als große Fabriken bezeichnet, sahen wir nicht. Die Gebäude waren durchwegs niedrig; allerdings dehnten sich die Anlagen über weite Flächen aus. Immer noch ragte der Fernsehturm wie ein stehengebliebener Geometerstock aus dem Horizont. Er soll mehr als fünfhundert Meter hoch sein. Jedenfalls sei er das höchste Gebäude der Welt, hatte Tamara gesagt. Ob Gebäudehöhen mit oder ohne Fahnenstange gemessen werden?

Nach einer Stunde durchfuhr der Zug den Bahnhof von Sagorsk, dem ehemaligen Sergjewo. Auf der rechten Seite huschten die goldenen Kuppeln des berühmten Sankt-Sergius-Dreifaltigkeits-Klosters vorbei. Das Gold leuchtete frisch wie die jungen Blätter, die aus dem Holz eines geknickten Baumes treiben. Während der Revolution wurde das Kloster aufgehoben und als ein Museum dem Sowjetvolk übergeben. Heute ist es wieder ein Zentrum der russisch-orthodoxen Kirche. In einem großen Seminar sollen einige hundert junge Priester ausgebildet werden. – Heiliges Rußland! Seit dem Fall von Byzanz will Moskau das dritte Rom werden. Noch nie hat sich das erste Rom so dagegen gewehrt, wie heute, wo das dreifache Kreuz gegen Hammer und Sichel vertauscht ist.

Unterdessen hatten sich unsere beiden neuen Reisegefährten im Abteil häuslich eingerichtet. Der Vater bezog das untere Bett. In Abständen von etwa einer halben Stunde richtete er sich auf, um aus dem Fenster zu schauen. Mit der Feststellung, daß die Landschaft immer noch gleich sei, legte er sich jeweils wieder hin. Der Sohn lag stundenlang bäuchlings auf dem oberen Bett und photographierte Rußland durch das geöffnete Fenster. In der Nähe, in der Ferne oder manchmal als Silhouette am Horizont tauchte eine Kirche auf. In der Grenzenlosigkeit der Landschaft sahen die Zwiebelkuppeln wie in alten Märchen aus.

Noch fuhr der Zug nordwärts – nach Jaroslaw. Unser Abteil war auf der linken Seite; die Abendsonne leuchtete hinein. Die meisten Reisenden hatten die dichten, weißen Baumwollvorhänge gezogen, die wie bei einem Wohnungsfenster schmuck und sauber auf halber Höhe an einer Stange hingen. Die Schaffnerin mit den schalkhaften Augen kam und fragte, ob wir Tee haben möchten? Sie brachte ihn in Gläsern, welche in verschnörkelten, metallenen Henkelkörbchen standen. Das Metall hatte die Farbe von Silber. Auf den Untertellern lagen reichlich in Papier eingepackte Zuckerwürfel. In jedem Wagen war am einen Ende des Korridors ein Samowar eingebaut, der aussah wie ein elektrischer Zehnliterboiler. Er wurde mit Kohle geheizt. Das Anheizen wollte verstanden sein. Wenn das Feuer Schwierigkeiten bereitete, so drängten sich die Sachverständigen, wie bei einer Motorenpanne unter der Kühlerhaube, in der engen Korridorecke. Aber der resoluten Schaffnerin gelang es trotz der guten Ratschläge immer, das Feuer zu entfachen. Bald wußten wir, was am Morgen und am Abend der Rauchgeruch bedeutete. Teebereiten und Staubsaugen gehörten zu jenen Pflichten der Schaffnerinnen, die von den Passagieren am meisten beachtet wurden.

Als die Sonne schon tief am Horizont stand, dröhnte unter den Rädern eine lange Brücke. Ihre Eisenbalken warfen zuckende Schatten durch das Fenster. Das Herzblut Rußlands glitzerte im Abendlicht: die Wolga bei Jaroslaw. Auf trüben Fluten trieben Öllachen nach Süden. Sie glänzten in den Farben des Regenbogens. Die Physiker kennen das Phänomen als «Farben dünner Blättchen.» Newton hatte es schon vor dreihundert Jahren erklärt. Seither arbeiteten Physikergenerationen an der Verfeinerung der Rechnung. Goethe ärgerte sich über die Erklärung und fand eine andere; seine Anhänger verfeinerten diese und sagen, sie sei besser.

Aus dünnem Papier gibt es dicke Bücher, die ganze Häuser füllen. Tschingis-Chan ärgerte sich darüber und verbrannte die Bibliothek von Bakhara.

Es gab eine Zeit, wo am Wolgastrand die Kirchenglocken zur Laichzeit der Störe nicht geläutet werden durften. Die Bauern und Fischer glaubten, der Schall würde die Zeugung des Lebens, von dem sie lebten, stören. Wenn es heute noch Glocken gäbe, könnten sie ruhig läuten. Der Glaube ist durch Wissen ersetzt. Man weiß, daß die Störe beim Laichen durch

Glockenklang nicht gestört werden. Auch weiß man, daß es am Oberlauf der Wolga kaum mehr Fische gibt.

Im Bahnhof von Jaroslaw entfalteten wir die Landkarte von Asien. Auf dieser mit Farben, Linien und Namen bedeckten Fläche waren wir noch ganz nahe bei Moskau. Die Reise in diesem Wagen wird soviele Tage dauern, wie wir bis jetzt Stunden gefahren sind.

Das Morgenlicht hatte mich geweckt. Die erste Nacht in der Transsibirischen Eisenbahn war vorbei. Ich hatte gut geschlafen. Vater und Sohn schliefen noch. Ich beugte mich über mein Bett; Inge saß am Fenster und schaute hinaus. Im frühen Licht waren die Wälder tiefer. Aus ihrem Dämmer leuchteten die Birkenstämme wie schöne, blonde Mädchen. – Es ist gut, mit einem Menschen zu reisen, der schauen kann. Wer schaut, denkt; und wer denkt braucht wenig Worte.

In einigen Stunden mußte der Zug den Westfuß des Urals erreichen. Bei der Stadt Perm. So stand es im Fahrplan, der im Korridor angeschlagen war. Kirow hatten wir in der Nacht passiert. In manchem Gymnasiasten mag der Name Perm Unbehagen erwecken; zusammen mit den Begriffen Karbon, Devon, Silur und Kambrium. Das sind die Namen der Formationen der geologischen Altzeit. Beim Abitur muß man sie kennen. Das Permzeitalter, sagen die Wissenschaftler, liegt zweihundertmillionen Jahre zurück. Es hat seinen Namen nach der Stadt und Landschaft am Ural. Während einer gewissen Zeit hieß Perm Molotow. Etwa so wie Zarizyn, das heute Wolgograd heißt, früher Stalingrad hieß. In Moskau, an der Westmauer des Kremls, beim Denkmal der Heldenstädte der Sowjetunion, haben wir niemanden beim Aussprechen dieses Namens zögern gehört. Als Inge im Wörterbuch blätterte, trat eine Frau herzu und erklärte freundlich, daß Wolgograd Stalingrad sei.

In keinem Land habe ich bei Kriegsdenkmälern soviele Soldaten gesehen wie in Rußland. Das mag damit zusammenhängen, daß Militär- und Polizeiuniformen zum Straßenbild russischer Städte gehören. Lenin wollte die Uniformen abschaffen. Der dialektische Materialismus lehrt, daß zum Erreichen der sozialistischen Endzeit viele Generationen nötig sein werden. Vielleicht gibt es jetzt schon Polizisten, die keine Uniform tragen.

Heute steht auf der Landkarte wieder Perm; im Bahnhof hat niemand Molotow gesagt. Ob die sowjetischen Geologen damals als Perm Molotow hieß auch den Namen der zweihundertmillionenjährigen Gesteinsschichten der politischen Konstellation angepaßt hatten, ist mir nicht bekannt. Im Vergleich zu den riesigen Zeiträumen, die sie gewohnt ist, hätte der Wissenschaft eine so kurzzeitige Änderung kaum Eindruck gemacht. Wurde doch im Verlaufe der letzten hundert Jahre die Erde um gute zwei Milliarden Jahre älter. Vor zwei Jahren wurde sie wieder einige hundertmillionen Jahre jünger, weil die Wissenschaftler festgestellt haben, daß ihre Blei-Uran-Uhr zu schnell gelaufen ist. Ich könnte mir vorstellen, daß die Sowjetwissenschaftler von dieser Panne besonders betroffen sind. Gehört es doch zu ihren Bürgerpflichten, zu beweisen, daß die Menschen nach dem von Darwin und Haeckel erfundenen und von Marx und Lenin genehmigten Verfahren aus der Urzeit gehoben wurden. Da die wissenschaftliche Methode im Gegensatz zur biblischen sehr viel Zeit beansprucht, fehlen ihnen jetzt die Jahrhundertmillionen, die ihre vorgehende Uhr zuviel angezeigt hat. Den westlichen Wissenschaftlern fehlen sie auch.

Wie auf jedem russischen Bahnhof patrouillierte in Perm die Miliz. Es war verboten, auf Bahnhöfen und vom Eisenbahnzug aus zu photographieren. Vor unserem Wagen blieb ein Polizist stehen. Er sah aus, wie man sich bei uns einen russischen Polizisten vorstellt. Da Vorstellungen sehr selten der Wirklichkeit entsprechen, sind erfüllte Erwartungen immer ein Ereignis. Inge konnte es sich nicht verkneifen: Sie zog ihre Kamera und knipste den Polizisten durch das Fenster. Wie überall, ist auch in Rußland die Polizei für Hinweise aus der Zivilbevölkerung dankbar. Da der Polizist gerade mit der Kontrolle von Frauenbeinen beschäftigt war, mußte ihn ein Herr auf den weiter oben sich abspielenden Vorgang aufmerksam machen. Was jetzt geschah, war gekonnt: ein Blick, ein Griff nach Bleistift und Notizbuch, notieren der Wagennummer und abzählen der Fenster von der Tür bis zu unserem Abteil. Mit erschrockenen Augen drehte sich Inge um und ließ die Kamera unter ihrem Kopfkissen verschwinden.

Vater und Sohn waren nicht im Abteil. Nach dreißig Sekunden stand der Polizist in der Tür. Er grüßte freundlich und lächelte. In fragendem Tonfall sprach er mehrmals dieselben Worte. Liebenswürdig, wie zu Kindern, die etwas nicht hätten tun sollen. Beim Herumschauen sah er den Photoapparat des Sohnes, der auf dem oberen Bett lag. Ich hatte Inge dringend empfohlen, kein Wort russisch zu können. Nachdem er die freundlich fragenden Worte noch einmal wiederholt hatte, verabschiedete er sich lächelnd und verließ den Wagen. Ich fragte Inge, was er gesagt hätte. Er habe mehrmals gefragt, ob wir photographiert hätten? Dann habe er gefragt, ob wir ihn nicht verständen?

Nach wenigen Minuten fuhr der Zug weiter. Wir hörten nichts mehr von dem Zwischenfall.

Dem Tal des Silvaflusses folgend, fuhr die Bahn bewaldeten Höhenzügen entlang. Langsam stieg der Ural gegen Osten an. Auf dem Wasser trieben Flöße. Regelmäßig konnte man kahlgeschlagene Hänge sehen. Heute, wo die Schiffe aus Stahl und die Häuser aus Beton sind, wird das Holz zu Papier gemahlen, das mit der Druckerschwärze zu einer Waffe wird, die weiter und tiefer wirkt als alle Flotten der Weltgeschichte.

Auf den größeren Flößen waren Zelte aufgeschlagen. Von fernen Wäldern kommend waren die Flößer auf den träge strömenden Flüssen wochenlang unterwegs. Der Vater war nach einigen Stunden der Ansicht, daß der Tunnel bald kommen müsse. Der Ural ist ein altes Gebirge, viel älter als etwa die Alpen. Über mehr als hundert Kilometer steigt es auf einige hundert Meter, um auf der Ostseite ebenso gemächlich wieder abzusinken. Wenn man nicht aus den endlosen Ebenen Rußlands käme, hätte man kaum den Eindruck, durch ein Gebirge zu reisen. Alte Gebirge sind niedrig und reich an Bodenschätzen. Auch das müssen die Gymnasiasten lernen. Sie wissen, warum die Schweiz soviele Tunnels hat und von Natur aus arm ist.

Der Vater wußte auch etwas: Neben der Bahnlinie, auf der Wasserscheide zwischen Europa und Asien, mußte ein Denkmal stehen. Zur Erinnerung an die Grenze zwischen den Erdteilen. Auf der Landkarte war alles grün, vom Baltikum bis in das Land der Tschuktschen im Fernen Osten. Er fragte die Schaffnerinnen; sie verstanden ihn nicht. Inge übersetzte. Die Schaffnerinnen waren beschäftigt; die eine mit dem Staubsauger, die andere mit dem Aufheizen des Samowars. Was der Vater wissen wollte, war der Kilometer, bei dem das Denkmal steht. Auf der ganzen Strecke, bis nach Wladiwostock, ist neben dem Geleise die Entfernung von Moskau auf weißen Schildern in Abständen von je einem Kilometer angegeben. Wir sahen, wie die Zahl größer als 8000 wurde. Die Schaffnerinnen maßen dem Denkmal nicht die gleiche Bedeutung zu wie unser Doktor aus Zürich, der solche Interesselosigkeit nicht verstehen konnte. Niemand war in der Lage, zu sagen, bei welchem Kilometer und auf welcher Seite die Erscheinung zu erwarten sei. Aber die Propaganda des Zürchers hatte zustandegebracht, daß der halbe Wagen Ausschau hielt. Man beobachtete die Wälder scharf, links und rechts. Nach einer Stunde war der Vater eingedöst. – Da, da! Die Stimmen im Korridor schwollen an, ausgestreckte Arme wiesen nach einer Waldlichtung auf der rechten Seite. Ich hatte nichts gesehen, was meinen Vorstellungen von einem Denkmal entsprach. Der Vater schreckte auf und sah schlaftrunken in Richtung Europa. Er meinte, es müsse ein kleines Denkmal gewesen sein. Vielleicht erschien es nur klein, weil Asien so groß ist. Niemand konnte sagen, welche Form und Farbe es hatte. Eine Schaffnerin erklärte, daß es flach sei. Einer der deutschen Studenten meinte, flache Denkmäler seien in Bayern immer Grabplatten.

Ural! Sagenumwobenes Gebirge. Berggeister wohnen unter seinen dichten Wäldern. Vom hohen Norden bis tief in den Süden hüten sie seine Schätze. Einem haben die Kobolde ihren Namen geliehen. Zu einer Zeit, wo dieses Metall noch so wertlos war wie das Uran: dem Kobalt. Die moderne Wissenschaft hat die beiden Metalle zu Münzen geprägt, mit welchen endgültige Macht eingehandelt werden kann: die Kobaltbombe. Ural, deine Wälder decken alle Bodenschätze, die es auf Erden gibt. Selbst im reichen Amerika müssen sie aus verschiedenen Richtungen zusammengetragen werden.

Die Wissenschaftler sind unschuldig; sie haben die Bombe aus Uran und Kobalt nur gedacht, gemacht und weitergegeben. Den Generälen und Präsidenten haben sie sie gegeben. Und den Geschäftsleuten, die sie fabrizieren. Die Wissenschaftler raten sehr davon ab, von der Bombe Gebrauch zu machen. Sie haben errechnet, daß alles Leben auf der Erde vernichtet werden könnte. Wenn die Umstände es erfordern, weisen die Präsidenten, Generäle und Geschäftsleute darauf hin, daß sich die

Wissenschaftler schon oft verrechnet haben. Auch finden sie immer Experten, die ihre Ansichten bestätigen. Die Erfinder, die jahrelang im Laboratorium geforscht haben, empfinden dies als eine Anmaßung. In ihrer Empörung weisen sie darauf hin, daß Präsidenten, Generäle und Geschäftsleute nichts von Chemie und Physik verstehen. Ja, sie gehen sogar noch weiter und arbeiten nur noch mit größtem Bedenken an der Verbesserung der Bomben. Seit sie ausgerechnet haben, daß die bereits produzierten Bomben ausreichen, um das Leben auf der Erde mehrmals zu vernichten, ist ihr Bedenken noch größer geworden.

Zwischen den Wörtern Ural und Uran besteht kein etymologischer Zusammenhang. Das Metall wurde von den Chemikern nach dem Planeten Uranus benannt, dem die Astronomen nach Uranos, dem Gemahl der Erdgöttin Gäa, den Namen gegeben haben. Ural heißt in der ostjakischen Sprache Gürtel. – Wenn es eine Zahlenmystik gibt, warum soll man dann nicht auch ein wenig Wortmystik betreiben?

Mit einem fahrplanmäßigen Zug liegen zwischen Moskau und Nowosibirsk achtundvierzig Stunden. Es gibt andere Züge. Zu den Zeiten der Zaren sind Hunderttausende damit gereist. Wladimir Iljitsch Uljanow und Jossif Wissarionowitsch Dschugaschwili waren dabei. Sie nannten sich später «Lenin» und «Stalin» und schickten ihrerseits Millionen damit auf die Reise. Von diesen Passagieren mußte keiner eine Fahrkarte lösen. Wer kennt die Namen der Verbannten und Verschickten? Es waren Mütter und Väter, Frauen und Männer, Söhne und Töchter – Geliebte. In einem russischen Lied heißt es: «Sibirien, ich fürchte mich nicht vor dir, auch du bist russische Erde.»

Einige dieser Reisenden hat die Feder unsterblich gemacht. Pasternak und Solschenizin erhielten den Nobelpreis für Literatur. Wer verleiht Nobelpreise? Menschliche Größe kann nur durch menschliche Größe erfaßt werden. Vor ein paar Jahren wurde ein neuer Nobelpreis geschaffen: ein Nobelpreis für Wirtschaftswissenschaft. Ob Alfred Nobel damit einverstanden wäre, weiß niemand. Aus Pasternaks «Doktor Schiwago» haben amerikanische Wirtschaftskreise einen Film gemacht, dessen Geschmacklosigkeit dem Geschmack des großen Publikums entsprach, so daß er zu einem guten Geschäft wurde.

Vielleicht fuhren vor oder hinter unserem Zug Züge mit Menschen, die nicht nach Sibirien wollten. Über die gleichen Schwellen, im selben Rhythmus der Schienenstöße, durch den gleichen Raum. Wo sind Amalrik, Daniel und Sinjawskij? Wer fuhr in unserem Zug mit? Andrej Amalrik schrieb, daß er mit fahrplanmäßigen Zügen nach Moskau zu seinem sterbenden Vater und wieder zurück an den Ob in die Verschickung gefahren sei. Wie sehen Verschickte und Verbannte aus? Wer waren die Männer und Frauen, die am Bahngeleise arbeiteten? Die Menschen, die zum Zug aufblickten, als wir langsam über ihren Arbeitsplatz rollten. Die Weidenröschen blühten rot. Die Gräser am Bahndamm waren reif. Zwischen den hellen Birkenstämmen fiel das Dunkel des Waldes in eine endlose Tiefe. Noch nie hatte ich Frauen gesehen, die so schwer körperlich arbeiten mußten. Sie spuckten aus wie Männer. Die Erschütterungen der Preßluftwerkzeuge rüttelten an ihren Brüsten. Wie redeten sie unter sich, wie mit den Männern, die Seite an Seite mit ihnen arbeiteten?

Die erste sibirische Stadt auf unserer Reise war das große Swerdlowsk am Ostfuß des Urals. Es liegt etwa auf dem halben Weg nach Nowosibirsk, wo wir die Transsibirische Eisenbahn das erste Mal verlassen durften. Von weitem schon konnten wir den Rauch der Fabriken sehen, der im Osten den weiten Sommerhimmel trübte. Erst später stachen die Schornsteine aus dem Horizont. Ausländische Reisende durften nicht nach Swerdlowsk, das gewiß eine der größten Industriestädte der Welt ist. Nach der Oktoberrevolution wurde der Stadt noch einige Jahre ihr ursprünglicher Name Jekaterinburg gelassen. Hier wurde 1918 der Zar Nikolaus II. mit seiner Familie umgebracht. Für zwei Zaren ist auch das große Rußland zu klein.

Während unser Zug im Bahnhof stand, stiegen wir auf einen schmalen, hölzernen Steg, der über die Geleise von Bahnsteig zu Bahnsteig führte. Auf der steilen Treppe schleppten eine alte und eine jüngere Frau einen großen Koffer. Ich faßte an, um zu helfen. Die Alte drehte sich um, sah mich erschrocken an und rief: «Niet, niet!»

Vom Steg aus konnte man auf die Stadt sehen. Hier wurde Amalrik zu drei Jahren Arbeitslager mit strenger Aufsicht verurteilt. Irgendwo mußte das Gerichtsgebäude stehen. Er hatte ein Buch mit dem Titel «Wird die Sowjetunion das Jahr 1984 erleben?» geschrieben. Was versteht man hier unter strenger Aufsicht? Man soll ihm erklärt haben, daß er über sein Urteil froh sein könne: zu Stalins Zeiten wäre er für mindestens zwanzig Jahre sang- und klanglos verschwunden.

Die Frauen mit dem schweren Koffer blieben neben uns stehen und sprachen mich an. «Sie fragen nach einem elektrischen Zug», übersetzte Inge und gab ihnen Antwort. Die beiden schleppten ihr Gepäck weiter. Unter dem Steg stand unser langer Zug mit seinen großen, dunkelgrünen Wagen. Vor der Lokomotive lag das Geleise, das in die endlosen Weiten Nordasiens hinausging und in den Fernen Osten bis an das Japanische Meer führte. Soweit wir von unserem erhöhten Platz aus sehen konnten, standen die Häuser und Fabriken von Swerdlowsk.

Nach ein paar Minuten gingen wir auf den Bahnsteig zurück, wo auch die meisten Passagiere unseres Zuges geblieben waren. Man nützte die Aufenthalte, um sich zu bewegen. Zwischen den Stationen lag meist eine stundenlange Fahrt. Auf der ganzen Reise von Moskau nach Wladiwostock, die sieben Tage dauerte, gab es keinen längeren Aufenthalt. Geschmeidig und flink, wie ein Partisanenkommando, kamen drei Männer unter unserem Wagen durch. In den Händen trugen sie Reisegepäck. Zwei Frauen und ein Kind folgten ihnen auf dem selben Weg. Sie stiegen in den Zug, der auf dem Gegengeleise eingefahren war. Andere Reisende kletterten durch die Wagen unseres Zuges, die hoch auf ihren breitspurigen Rädern standen. Der Weg untendurch schien müheloser zu sein. Den über die Geleise führenden Gehsteg benützte fast niemand. Weder die Bahnbeamten noch die Polizisten sahen sich um.

Vor dem Stationsgebäude hatten Frauen und Männer Marktstände aufgeschlagen. Sie hielten Lebensmittel feil: Milch, Käse, Brot, Karotten, Gurken, Zwiebeln (die dem Amerikaner in besonderer Erinnerung geblieben sind), Beeren, noch dampfende, gekochte Kartoffeln, Wurst und in Teig gebackenen Fisch. Die Passagiere standen an, um zu kaufen. Offensichtlich konnten sich nicht viele regelmäßig ein Essen im Speisewagen leisten. Ansonsten hätte für den großen Zug und die lange Reise mehr als einer mitgeführt werden müssen. In den bis auf den letzten Platz gefüllten Abteilen waren die kleinen Fenstertische mit Speisen überdeckt. Auch auf dem Fußboden und den Betten standen Gefäße und Pakete mit Essen und Trinken.

Um zu den Verkaufsständen zu gelangen, mußten die Reisenden Geleise überschreiten. Plötzlich ertönte in kurzen Abständen ein Signalhorn. Ein langer Güterzug fuhr in den Bahnhof ein, und zwar auf einem der Geleise zwischen unserem Zug und den Lebensmittelverkäufern. Die riesige Lokomotive näherte sich mit niedriger, aber gleichbleibender Geschwindig-

In der Post von Nowosibirsk: Besser, sicherer und ebenso schnell wie die elektrische Rechenmaschine der Kollegin. Dieser Zählrahmen ist in der Sowjetunion noch sehr verbreitet, es gibt ihn in allen Größen.

СЕМИН
ВАЛЕНТИН ИВАНОВИЧ
ОБРУБЩИК ЛИТЬЯ
ВОЛОДЧЕНКО
МИХАИЛ ПЕТРОВИЧ
КАМЕНЩИК
РЯЗАНЦЕВА
НИНА НИКОЛАЕВНА
ПРЕССОВЩИЦА
ШТЫРХУНОВ
ПЕТР АФАНАСЬЕВИЧ
БРИГАДИР БЕТОНЩИКОВ
МЕЛЬНИКОВ
АЛЕКСАНДР АНТОНОВИЧ
ТОКАРЬ
СУЧКОВА
ЕКАТЕРИНА ВЛАДИМИРОВНА
ПРОДАВЕЦ
ХАРИТОНОВ
БАБКИН
ИВАН МИХАЙЛОВИЧ

keit den Passagieren, die nach wie vor die Geleise überschritten. Schon konnte man die beiden Männer im Führerstand der Maschine erkennen. Der eine zog in regelmäßigen Intervallen das dumpftönende Horn. Der Bremsweg eines so schweren Güterzuges ist trotz der reduzierten Geschwindigkeit beträchtlich. Ich schaute weg. Neben mir stieg ein Mann mit einem Kind auf den Armen lachend vom Geleise auf den Bahnsteig; wenige Sekunden später donnerte der Zug vorbei. Er durchfuhr den Bahnhof ohne anzuhalten.

Wir stiegen ein. Am Fenster stehend warteten wir auf die Abfahrt. Immer noch stand ein großer Teil der Mitreisenden auf dem Bahnsteig, auf den Geleisen und bei den Verkaufsständen. Auch Kinder waren dabei; manche auf den Armen ihrer Eltern. Die Schaffnerinnen standen mit ihren zusammengerollten Signalfahnen neben den Türen der Wagen. Die Abfahrt konnte jeden Augenblick erfolgen. In der Nähe unseres Wagens stand ein Soldat neben seinem Koffer und wartete. Er trug eine prächtige Uniform, wahrscheinlich ein höherer Unteroffizier. Die ältere unserer Schaffnerinnen, die mit den schalkhaften Augen, musterte ihn mißtrauisch. – Jetzt fuhr der Zug an. Außerordentlich langsam. Die große elektrische Lokomotive hätte viel stärker anziehen können. Schwatzend und lachend kletterten die Passagiere auf die hohen Wagen. Kinder wurden nach oben gereicht. Als die Geschwindigkeit schon beachtlich war, sprang der Soldat auf.

Die Schaffnerin wollte ihn zurückweisen. Sie konnte nicht, weil immer noch Passagiere nachstiegen. Offensichtlich hatte der Soldat keine Fahrkarte. Als er drinnen und die Tür geschlossen war, schimpften beide Schaffnerinnen auf ihn ein. Er grinste ziemlich unverschämt und setzte sich neben dem Samowar auf seinen Koffer. Bald kümmerte sich niemand mehr um ihn. Von den Stunden bis zur nächsten Station verschlief er, die Mütze über die Augen gezogen, einen guten Teil.

Sobald der Zug wieder hielt, forderten ihn die Schaffnerinnen in einer deutlichen Sprache auf, auszusteigen. Er blieb sitzen, sie riefen einen Polizisten. Der sah lachend zu, wie der Soldat von den beiden Frauen, die ihm keine Antwort schuldig blieben, an die Luft gesetzt wurde. Die rotumrandeten Mützen der Polizei leuchteten auf allen Bahnhöfen.

Auf allen Bahnhöfen waren Plakate angeschlagen, welche mittels Zeichnungen darstellten, wie gefährlich das Überschreiten der Geleise und das Besteigen fahrender Züge sei. Andere Plakate haben wir nicht gesehen, keine Reklame. Das Bild Lenins hing weithin sichtbar auf jeder Station. Darunter standen die Zahlen 1870–1970. Auf jeder Station sprangen die Passagiere auf den fahrenden Zug und überschritten die Geleise. Auf Bahnhöfen und an Fabrikgebäuden, oder auf der Erde, mit weiß getünchten Steinen eingelegt, prangten immer die gleichen Inschriften: «Ruhm der Kommunistischen Partei der Sowjetunion», «Ehre der Arbeit», «Proletarier aller Länder vereinigt euch!».

Auf dem kleinen Bahnhof des Ortes Bira, der, nicht weit von der chinesischen Grenze, im jüdisch-autonomen Gebiet von Birobitschan liegt, kauften wir Heidelbeeren. Sie waren bedeutend größer als die unsrigen und rochen nach Wald. Von einem leisen Wind wurde ein harziger Duft herangetragen. Die Frau gab uns die Beeren in einer Kegeltüte, die sie selbst gedreht hatte. Das Papier war ein Blatt aus einem Schulheft. Zwischen den feinen, blauen, vorgezogenen Linien standen die ungelenken Buchstaben einer sorgfältigen Kinderschrift. Sie waren mit einer spitzen Feder geschrieben. Die Tinte hatte fast dieselbe Farbe wie die Flecken, die die Heidelbeeren auf dem Papier zurückließen. Es stand da:

Aufsatz.

Wir lieben Lenin.

A.N., Schüler 2. Klasse.

Wir lieben Lenin. Dafür daß er gerecht war. Und er liebte immer die Kinder.

Der Rest des Papiers war leer.

Auf einer Landkarte und in einem Atlas verfolgten wir unsere Eisenbahnfahrt. Die Karte war ein großes, vielfach gefaltetes Blatt, das mittels farbiger Flächen, Linien, Punkte und Namen – millionenfach verkleinert – ganz Asien und den östlichen Teil von Europa darstellte: eine schöne und präzise Arbeit eines schweizerischen kartographischen Instituts. Viele unserer Mitreisenden interessierten sich dafür. Sie versuchten die lateinische Schrift zu entziffern. Manchen gelang es und sie sprachen die Namen ihrer Städte, Flüsse oder Seen aus: «Omsk, Jenissei, Baikal, Irkutsk». Auf all meinen Fahrten und Flügen in Europa, Afrika oder Amerika hatte sich nur selten jemand für die Landkarten interessiert, die ich vor mir aufgeschlagen hatte.

Der Atlas kam aus einer Druckerei in Moskau. Auf dem Umschlag war groß und schwarz die vordere, rechte Hälfte eines amerikanisch aussehenden Luxusautomobils abgebildet, das neben dem hervorgehobenen, roten Anfangsbuchstaben des kyrillisch geschriebenen Titels «Automobil-Atlas für die USSR» stand. Das Buch enthielt auf 130 Seiten Karten von Westrußland, allen Sowjetrepubliken und von der südlichen Hälfte Sibiriens bis hinüber zum Ochotskischen Meer. Vom Norden und fernsten Osten war nichts zu sehen; wahrscheinlich gab es da kaum Autostraßen. Für diesen Atlas interessierten sich die Russen noch mehr. In Moskau war er nicht erhältlich. Inge hatte ihn zufällig in einer Buchhandlung in Helsinki gesehen und in weiser Voraussicht gekauft.

Nach dem Fahrplan mußten wir bald in Nowosibirsk ankommen. Ich lag auf meinem Bett und las in den Schriften Lenins. Sein Stil erinnerte mich an Publikationen in physikalischen oder chemischen Fachzeitschriften.

Die Wälder begannen sich zu öffnen, die Häuser standen weniger einsam. Hochspannungsleitungen folgten dem Zug und wurden dichter, als ob eine Riesenspinne ihr Netz gewoben hätte. Schornsteine tauchten mit ihren Fabriken aus der Ebene. Die Fahrt wurde langsamer.

An der Bahnlinie lag ein Friedhof. Einige Gräber trugen das dreibalkige Kreuz des Heiligen Rußland, die meisten den fünfzackigen Stern der Revolution. Alle waren rot; die neuen von der Farbe, die alten vom Rost. Inge stand im Korridor am Fenster. Sie drehte sich zu mir hin und rief:

«Es kommt eine riesige Brücke, das muß der Ob sein!»

Ich legte Lenins Schriften weg, stand auf und trat neben Inge an das offene Fenster. – Ihre von der lichtdurchfluteten Fläche des Fensters eingerahmte Gestalt strahlte Erleben aus. Ich schaute, wie ihr schönes Gesicht eine Welt spiegelte, die uns jeden Fußbreit neu war. – Schauen ist mehr als sehen; es gibt Blinde, die tiefer zu schauen vermögen als Sehende. Mit ihren Fernrohren können die Wissenschaftler nur das Sehen, niemals das Schauen vergrößern. Die wesentlichen Dinge werden mit dem Herzen geschaut und nicht mit den Augen gesehen. Die menschlichen Probleme sind mit den Methoden der Wissenschaft nicht lösbar.

Der Fahrtwind des Zuges, der seine Geschwindigkeit stetig verlangsamte, vermochte die sibirische Sommerhitze nicht mehr zu kühlen. Vor einem Abteil spannte ein Mann sein Bettlaken als Segel zwischen Fenster und Tür, um den Wind in das Abteil mit seinen Reisegefährten zu lenken. Der Zug durchfuhr eine weitgezogene Kurve. Wir konnten sehen, wie die Lokomotive durch das stählerne Fachwerk der Obbrücke fuhr. Unter dem dröhnenden Eisen zogen die Wasser des gewaltigen Stromes nach Norden. Die Fluten waren schmutzig wie der Rhein bei Düsseldorf, und das im riesigen, menschenleeren Sibirien.

Wie bei uns stehen die Fabriken an den Flüssen und Seen, am Irtysch, Jenissei und Amur, an der Angara, am Baikalsee. Wie bei uns werden die Gewässer als Verdünnungsmittel für Abfallprodukte verwendet. Den Plänen entsprechend müssen die Fabriken Rußlands die Produktion Amerikas überholen. Bald werden sie ihr Ziel erreicht haben: wer große Ströme vergiften kann, hat große Fabriken.

Der dialektische und kapitalistische Materialismus unterscheiden sich im wesentlichen dadurch, daß ihre Machthaber auf verschiedene Arten lügen. Zu ihrer Entlastung muß gesagt werden, daß es politischen Machthabern nicht freigestellt ist, zu lügen oder die Wahrheit zu sagen: sie müssen lügen, weil sie ihre materielle Macht stets mit geistigen Werten rechtfertigen wollen. Besonders schöne Beispiele dafür sind die Texte der Wahlpropaganda aller Parteien und Länder der Welt.

Wenige Minuten nachdem wir den Ob überquert hatten, fuhr der Zug in den Hauptbahnhof von Nowosibirsk ein. Zum ersten Mal durften wir den Bahnhof verlassen. Die Bahnhofsuhr zeigte Moskauzeit: halb zwei. In der Stadt war es abends um halb sechs. Wir waren so östlich wie Ceylon. Schon vom Wagenfenster aus erkannte ich die Intouristagentin. Unsere Blicke trafen sich: blaugraue Augen hinter einer eleganten, randlosen Brille, ein feines Gesicht unter hellblondem, hochgekämmtem, dichtem Haar. Ihre zartgliederige Gestalt fiel unter diesen Menschen auf. Mit kurzen Schritten und doch schlendernd folgte sie dem langsam rollenden Wagen, bis er hielt. Ihre Worte klangen herzlich:

«Ich bin Ludmilla, Ihr Guide in Nowosibirsk.»

Vater und Sohn aus Zürich waren auch ausgestiegen; zu viert folgten wir Ludmilla. Ein Träger lud das Gepäck auf einen Schubkarren.

Vor dem Bahnhof stand ein Auto, das einem Volkswagenbus glich. Wir fuhren durch breite, gerade Straßen zum Hotel «Nowosibirsk». Ein zweiter Guide war dazugekommen. Neben der zierlichen Ludmilla erschienen Körper und Gesicht des jungen Mannes ungewöhnlich groß. Als er zu sprechen begann, verstärkte sich dieser Eindruck. Die Hitze des sibirischen Sommertages strahlte aus den drei- bis fünfstöckigen Betonhäusern. Die Temperatur könne hier ohne weiteres auf dreißig Grad Celsius ansteigen, erklärte Ludmillas Kollege. Die monotonen Zementfassaden wurden da und dort von einem Holzhaus unterbrochen, das aus der Zeit stammen mochte, als die Stadt noch Nowo-Nikolajewsk hieß. Es war, als ob die Vergangenheit traurig durch die geschnitzten Fensterrahmen blickte. Als Ludmilla sah, wie wir uns nach den Holzhäusern umdrehten, sagte sie, daß die alten Häuser bald durch neue, schöne ersetzt sein werden. Mit der Hand wies sie auf Betonblöcke; ihr Kollege nickte beistimmend.

Beim Nachtessen erzählten Vater und Sohn, daß sie einen Spaziergang gemacht und einen Betrunkenen gesehen hätten.

Am folgenden Morgen holte uns Ludmilla zu einer Stadtbesichtigung ab. Zusammen mit einem Engländer, der per Flugzeug nach Nowosibirsk gekommen war, führte sie uns zu einem Taxi, das vor dem Hotel wartete. Ludmilla setzte sich zum Chauffeur, der, noch während sie ihm die Route erklärte, wegfuhr. Wir erfuhren, daß Nowosibirsk mehr als eine Million Einwohner hatte. Die Straßen glichen sich, die Häuser glichen sich, die Wohnblöcke glichen den Büros und den Fabriken. Der von Le Corbusier geprägte Ausdruck «Wohnfabrik» fiel mir ein. Die herrschende Farbe war grau. Aus den großen Fenstern eines Aluminiumhauses leuchtete es blau: das Wasser eines Schwimmbades. Durch die geöffneten Fenster drang Chlorgeruch. Die Bäume standen in den Straßen als seien sie zu Besuch. Aus den strengen Fensterreihen der großen Häuser blickte die Zukunft. Die kleine Hand Ludmillas wies aus dem fahrenden Auto: «Das ist der Sitz der Regierung; das Haus dort drüben ist eine Hochschule; das ist auch eine Hochschule; hier ist der Sitz der Partei; wieder eine Hochschule und weiter vorne auch.»

An einer Straßenkreuzung erblickten wir hinter Bäumen eine blaue Kuppel auf weiß getünchtem Stein und darauf das russisch-orthodoxe Kreuz. Nach den betonierten Fassadenfluchten fiel der Bau sofort auf. Ludmilla beachtete ihn nicht. Ich wies darauf und fragte:

«Können wir die Kirche sehen?»

«Sie arbeitet nicht.»

«Was heißt das?»

«Die Kirche arbeitet nicht, sie ist geschlossen.»

«Wann ist sie geöffnet?»

«Nie.»

Auch der Engländer, der vor der Fahrt erklärt hatte, nicht viel Zeit zu haben, stellte Fragen über die Kirchen in Rußland. Offensichtlich hatte Intourist für solche Fälle gesorgt. Ludmilla sprach mit dem Chauffeur, der nickte verständnisvoll und fuhr zielbewußt durch verschiedene Straßen. Nach fünf Minuten hielt er an. Auf der anderen Straßenseite, hinter einem eisernen Zaun, stand in einem geräumigen Garten eine Kirche. Der Bau strebte nach byzantinischem Vorbild seinem Zentrum zu, aus dem eigenwilliges Rundgemäuer wuchs, das mit leuchtendblauen Kuppeln gekrönt war. Wir stiegen aus und überquerten die Straße, auf der ein reger Autoverkehr herrschte. Ludmilla ging voran, wies mit der Hand nach vorn und sagte über die Schulter zurück:

«Die Kirche arbeitet; es gibt noch alte Leute, die an Gott glauben.»

Neben der Kirchentür saß eine Bettlerin. Wir traten ein. Im Düster des hohen Raumes leuchteten Kerzen; es wurde ein Gottesdienst zelebriert. Der Priester sang mit einer sonoren Stimme, das Volk antwortete ihm singend. Die meisten Kirchgänger waren alte Frauen. Aber es waren auch Männer und junge Leute zu sehen. Ludmilla stellte sich mit verschränkten Armen neben eine Säule und lächelte kaum merkbar. Wir blieben in ihrer Nähe. Eine der alten, mit langen, dunklen Röcken bekleideten Frauen drehte sich nach uns um und kam schimpfend auf Inge zu. Ludmilla fauchte die Alte an, die, uns böse anblickend, sich wieder auf ihren Platz zurückzog. Auch andere Kirchgänger drehten sich nun nach uns um und maßen uns mit zornigen Blicken. Die Situation war unangenehm; wir strebten dem Ausgang zu.

Der Bettlerin vor der Tür gab ich eine Münze. Am Weg zum Tor des Kirchhofes standen ein paar alte Frauen, die uns ansahen, als ob sie auch eine Gabe erwarteten. Ich fragte Ludmilla, warum die Alte geschimpft hätte. Der Grund war Inges lange Hose, die als eine ungeziemende Frauenkleidung betrachtet wurde.

Auf der Straße blieben wir stehen und sahen zurück. Ludmilla lächelte, wie sie in der Kirche gelächelt hatte.

«Glauben Sie an Gott», fragte ich sie.

Das Mädchen sah mich an und antwortete, ohne einen Augenblick zu zögern: «Nein!!»

In ihrer erhobenen Stimme lag Erstaunen, beinahe Empörung. Aus den Augen des Mädchens blickte eine Frau.

«An was glauben Sie?»

«Ich glaube an die Zukunft!»

Alles an ihr war jetzt Mädchen. Lachend fragte ich: «Endet die Zukunft nie?»

Sie lachte zurück und blickte nach den andern. Der Engländer lächelte englisch.

In den vierplätzigen Schlafwagenabteilen wurde es fühlbar, daß viele Russen groß- und breitgewachsene Menschen sind, Männer wie Frauen. Ihre melodische Sprache ist für Dichter geschaffen. Mag sein, daß die Größe des Landes und der Menschen in einem ausgleichenden Sinne die vielen Diminutive schafft, die dem Fremden auffallen. Väterchen Zar, Mütterchen Rußland, Brüderchen – Väterchen Stalin.

Rußland ist eines jener Länder, die die Heimat der Seele sind. Aber oft wird von den Menschen das, was ihnen am nächsten steht, verleugnet. Rußlands Machthaber wollen ihren Staat um jeden Preis auf etwas bauen, das das kostbarste ihres Landes ignoriert: die Seele der Menschen. Sie wollen, daß die Feuchtigkeit der Erde nur aus Wasser und nicht aus den Tränen der Freude und des Leides besteht.

Jura wartete in der Eingangshalle des Hotels «Nowosibirsk». Am Tag zuvor hatte er uns zusammen mit Ludmilla am Bahnhof abgeholt. Er war, wie sie, ein Agent des Intourist. Wie bereits in Basel geplant, sollten wir heute nach Akademgorodok fahren. Jura begrüßte uns mit seinem gekonnten Lächeln, sagte, daß es ein prächtiger Tag sei und daß noch ein Engländer und ein Amerikaner mitfahren würden.

In einem großen, schwarzen «Moskwitsch» fuhren wir los. Das Auto glich einem Amerikanermodell um 1960. In der Eisenbahn hatte ich in einer der Leninbroschüren gelesen, es gebe bourgeoise und sozialistische Formen. So hätte beispielsweise ein sowjetischer Bildhauer ein Auge, das die Formen zu unterscheiden weiß.

Nach einer viertelstündigen, raschen Fahrt erreichten wir den Rand der Millionenstadt, die vom Zentrum, wo unser Hotel stand, bis zu den letzten Häusern gleich aussieht. So wird Moskau in zwanzig Jahren aussehen, mit dem Unterschied, daß der Beton dort höher steht.

Die Straße folgte dem rechten Ufer des Ob, der hier etwa ein Kilometer breit ist. Auf beiden Seiten standen verstreut gebaute Fabriken und Häuser. Ein Netz von Hochspannungsleitungen überzog das Land. Bald verließen wir den Strom und fuhren durch Wald. Jura, Anglistikstudent, begann, uns Akademgorodok zu erklären. Die Stadt hatte 40 000 Einwohner, wovon 146 Doktoren der Wissenschaft waren. Jeder siebente Einwohner sei Wissenschaftler. Es gab 48 Mitglieder der Sowjetischen Akademie der Wissenschaften, davon 30 korrespondierende. Kandidaten der Wissenschaft habe es 900. In 22 Forschungsinstituten wurde die Natur erforscht.

Akademgorodok heißt auf deutsch Akademikerstädtchen. Es liegt von Nowosibirsk etwa vierzig Kilometer obaufwärts. Ich habe keine Landkarte gesehen, auf der der Ort eingezeichnet war. Aus Sicherheitsgründen habe man von einem Atomkraftwerk abgesehen, das dieses Treibhaus der Wissenschaft in der sibirischen Kälte auf modernste Weise mit Wärme und Elektrizität versorgen könnte. Akademgorodok soll eines der verwöhntesten Kinder des Kremls sein. Wie an anderen Stellen scheint der Diminutiv (Akademikerstädtchen) darauf hinzuweisen, daß hinter dem Niedlichen etwas Besonderes steckt. Daß die Verniedlichung sich trotz der beachtlichen Größe der Stadt sich auf diese und nicht auf ihre Einwohner bezieht, mag mit dem allgemeinen Respekt vor der Wissenschaft zusammenhängen: so etwas wie ein Akademikerchen gibt es auch in Rußland nicht.

Die ersten Häuser tauchten auf, der Wald war auf einer großen Fläche gerodet. Bald sah die Umgebung aus wie eine vorfabrizierte französische Vorstadt, zum Beispiel das Betonville von Besançon. (Vor dieser alten Bischofsstadt am Doubs stehen die Wohnfabriken wie die Kulissen einer Welt, in der es für Kinder keinen Platz mehr hat.) Für Vierzigtausend gab es Wohnblöcke, Fensterreihen, soweit man sehen konnte. Dazwischen standen die Forschungsinstitute. Auch sie erinnerten mich an einen Ort in Frankreich, wo ich vor zehn Jahren als Wissenschaftler gearbeitet hatte: an das Centre d'Etudes Nucléaires in Saclay bei Paris. Alles vorfabrizierte Häuser. Ein einziges fiel aus dem Rahmen: «Das ist das Gelehrtenhaus», sagte Jura und führte uns hinein.

An Großzügigkeit ließen es die Architekten nicht fehlen; die Eingangshalle, die Aufenthaltsräume, die Fenster, die Korridore, das Restaurant – alles war groß dimensioniert. Es gab auch eine Bar. Auf der Theke stand eine Waage, wie sie bei uns in Lebensmittelgeschäften üblich sind. Wir sahen sie auf unserer Reise in allen Restaurants, meist weinrot angestrichen. Es gab ein Gesetz, nach dem Wodka nach Gewicht ausgeschenkt werden mußte. An den Wänden hingen Bilder des sozialistischen Realismus: die russische Frau auf dem Traktor, der Sowjetsoldat, der eine Handgranate abzieht, der Wissenschaftler, der forschend ins Mikroskop blickt. An einer Stelle hing ein Porträt; früher waren es zwei gewesen. Auch im Mausoleum auf dem Roten Platz ist Lenin jetzt wieder allein.

Es roch wie in den Hotels, Museen, Restaurants oder Toiletten der Eisenbahnwagen, nachdem sie von den Schaffnerinnen reingemacht worden waren. Es tat Jura leid, daß er uns die Forschungsinstitute nur von außen zeigen konnte. Es war Sonntag. In Irkutsk konnten wir die Universitätsinstitute auch an Werktagen nur von außen ansehen. Maria, die dort unsere Führerin war, sagte, die Institute seien in Reparatur. Als ich sagte, ich sei Professor für physikalische Chemie an der Universität Basel, lächelte Maria. Unangemeldet konnte man kein Forschungsinstitut besuchen. Vorbereitete Besuche interessierten mich nicht. Die sowjetischen Wissenschaftler, die mich besuchten, als ich in Basel Chef des Physikalisch-Chemischen Institutes war, gaben sich Mühe, über die ihnen gestattete Bewegungsfreiheit nicht erstaunt zu sein.

Über dem Betonfries des fünfstöckigen Rechenzentrums war eine meterhohe Reklameschrift angebracht: «EHRE DER SOWJETISCHEN WISSENSCHAFT». An vielen anderen Instituten waren Neonröhren in der Art von Lichtreklamen befestigt. So sah ich an der Fassade des Institutes für Katalyse (dem größten der Welt, wie Jura sagte) eine Leuchtröhrenkonstruktion, die in abstrakter Darstellung den Vorgang einer katalytisch beschleunigten Reaktion veranschaulichen sollte. Auf dem Institut für organische Chemie standen Sechsecke, die scheinbar Benzolkerne zu symbolisieren hatten. Wenn ich mich richtig erinnere, war auch das liebste Kind des dialektischen Materialismus, die Kybernetik, in Neon dargestellt.

Adalbert Stifter hat in einem seiner Romane von einer Wissenschaftlerstadt geträumt, abgelegen von der unlogisch denkenden Welt. Da liegt sie, am Ob, mitten in Sibirien. Sie könnte nicht wissenschaftlicher sein.

Jura erklärte uns, daß wir nun in das «Goldene Tal» fahren würden. Der Amerikaner horchte auf:

«Golden Valley?»

«Das ist die Gegend, wo die Professoren wohnen.»

«Verdienen die soviel?»

«Es heißt so, weil dort die Bäume im Herbst besonders schön gelb sind.»

«Was verdienen die?» (How much they make a month?)

«Im Maximum sechshundert Rubel.»

«Ist das das Maximum?»

«Ja.»

«Verdient keiner mehr?»

«Nein.»

«Auch der Chef nicht?»

«Nein.»

Der Wald war wunderschön. Die Taiga rauschte ihr uraltes Lied im zarten Sommerwind. Wie Feen standen die lichten Birken im Märchendunkel der Tannen. Hindurch führten Asphaltstraßen an vorfabrizierten Villen vorbei: das «Goldene Tal». An einer Straßenkreuzung ließ Jura anhalten. Mit einer großzügigen Geste wies er auf die Häuser und erlaubte zu photographieren. Er selbst pflückte am Straßenrand einen Strauß Wiesenblumen. Der Engländer photographierte ihn dabei und sagte: «Ein schönes Bild von einem Russen, der auf dem Feld arbeitet.» Jura lachte, wahrscheinlich ist er von Intourist über den westlichen Humor aufgeklärt worden.

Ich näherte mich einem Gartenzaun. Die meisten Häuser waren zweigeschoßig, alle hatten eine Garage. Es fiel mir auf, daß manche Häuser auf der Giebelseite eine festmontierte, eiserne Leiter hatten, über welche man den Dachboden von außen her durch eine kleine Tür erreichen konnte. Im großen Garten, unter einem der vielen prächtigen Bäume, saß eine junge Frau in einem Liegestuhl und las ein Buch. Als sie uns sah, stand sie auf und ging ins Haus. Nachdem Jura seinen Strauß gepflückt hatte, bemerkte er, daß der Amerikaner nicht mehr zu sehen war. Er wurde nervös, klatschte in die Hände, zog einen Zettel aus der Tasche und rief ihn mit Namen (unsere Namen standen auf der Liste). Der Amerikaner hatte sich etwa zweihundert Meter entfernt; Jura sagte ihm, dies sei verboten.

Auf der Rückfahrt begann es zu regnen. In der Hitze hatte sich ein Gewitter zusammengebraut. Der Chauffeur hielt an, stieg aus und steckte die Scheibenwischer an, die er im Handschuhfach hatte. Jura lachte wie nach der Bemerkung des Engländers beim Blumenpflücken. Der Amerikaner stellte nüchtern fest, daß es in New York auch besser sei, die Scheibenwischer beim Parken abzunehmen. Dann erzählte er pausenlos von Amerika. Jura hörte andächtig zu. Der Engländer sah aus dem Fenster! Ich schlief ein und träumte von Lenin und Stalin.

In seiner typischen, immer wieder dargestellten Haltung, mit gebeugten Ellbogen, die Hände auf das Rednerpult gestützt, rief er: «Wenn es eine Maschine gäbe, mit der man das kapitalistische System zertrümmern könnte, würden sich die Kapitalisten darum streiten, wer sie uns verkaufen darf!» – Von einem anderen Pult sprach Stalin mit leiser, zischender Stimme: «Wenn wir für die Erfindung eines totalen Wissenschaftskontrollsystems einen Nobelpreis ausschreiben, so werden die Wissenschaftler Tag und Nacht daran arbeiten.» Stalin stutzte einen Augenblick: «Ich meine einen Lenin-, das heißt, einen Stalinpreis!» Die Zuhörer trugen weiße Laboratoriumsmäntel. Als sie Beifall klatschten, erwachte ich.

Die Wissenschaftler der Welt vergleichen sich oftmals mit einer großen Familie. Die Institute in Akademgorodok gleichen denen in Saclay bei Paris, in Brookhaven auf Long Island oder Oak Ridge in Tennessee. Als ich im Centre d'Etudes Nucléaires de Saclay am Bau einer Anlage zur Herstellung von schwerem Wasser arbeitete, mußte ich mich täglich bei der Sicherheitspolizei des Forschungszentrums ausweisen. In Brookhaven und Oak Ridge auch, als ich in diesen amerikanischen Atomforschungszentren Vorträge hielt.

Galileo Galilei mußte den Papst fragen, was er sagen durfte. Heute ist die Wissenschaft frei.

Der Pionier aus Bratsk

Beim Abschied auf dem Bahnhof von Nowosibirsk konnten wir sehen, wie streng die zartgliederige Ludmilla es mit dem Sozialismus nahm. Als der Zug Moskau–Wladiwostock durch die Lautsprecheranlage angekündigt wurde, sagte sie: «Bitte warten Sie hier», und verließ das Zimmer, in welchem wir mit ihr ganz alleine auf die Einfahrt des Zuges gewartet hatten. Es gab einen Tisch mit Aschenbechern und Illustrierten, umstanden von gepolsterten Stühlen. Nebenan war ein Wartesaal, in welchem die Reisenden dicht gedrängt auf langen, hölzernen Bänken saßen.

Nach einigen Minuten kam Ludmilla mit einem Gepäckträger zurück. Er hatte einen Schiebekarren aus verzinktem Stahlrohr, den er vor der Tür stehen ließ. Der Mann war gute sechzig, vielleicht sogar siebzig Jahre alt. Wäßrige, blaue Augen lachten uns an, sein Gruß kam aus tiefster Seele. Während er das Gepäck auf seinen Karren trug, sprach er scherzende Worte. Inge konnte ihn nicht verstehen.

Auf dem Bahnsteig trat ich neben ihn und sagte auf schweizerdeutsch, daß das sibirische Land schön sei. Seine prompte Antwort ermunterte mich: während einiger Minuten führten wir ein angeregtes Gespräch, er auf russisch, ich auf schweizerdeutsch. Wir lachten und verstanden uns ausgezeichnet. Ich vergewisserte mich, daß Ludmilla, die mit Inge sprach, nicht hinsah und schob ihm einige Münzen in die Hand. Die flinke und sichere Griffbewegung bewies Übung.

Ich ging zu Inge und Ludmilla zurück. Nach einigen Minuten kam der Träger hinzu und flüsterte mir etwas ins Ohr. Er schien erstaunt, daß ich ihn nicht verstand und sprach etwas lauter. Sofort faßte ihn Ludmilla mit ihrer zierlichen Hand am Arm und führte ihn zur Seite. Willig trottete er mit. Wieder hatte ihn auch Inge nicht verstehen können.

Nachdem Ludmilla auf ihn eingesprochen hatte, kam er wieder zu mir und gab die Münzen zurück. Seine Augen waren noch wäßriger. Als ich ihm das Geld wieder geben wollte, zog er die Hand wie vor einer giftigen Schlange zurück. Hinter der feinen, randlosen Brille blitzten Ludmillas graublaue Augen;

sie erklärte mir, daß er seinen Fehler eingesehen habe. Ich solle ihn bloß ansehen, er würde aus Reue beinahe weinen. Der Alte hatte jetzt tatsächlich Tränen in den Augen.

Man hörte das dumpfe Signal einer Lokomotive; es war unser Zug. Inge wollte Ludmilla zur Erinnerung photographieren. Sofort willigte sie ein und forderte mich auf, neben sie zu stehen. Ich trat an ihre Seite. Etwas fragend schaute sie mich an, nahm meinen Arm und lachte mir mit hellen Augen ins Gesicht. In einer Tiefe, die kein Lot mißt, konnte ich etwas sehen, mit dem sie wohl den Alten das Fürchten gelernt hatte. Lag es im Grau der blauen Iris oder in der Finsternis der Pupillen? Unter blondem Haar lachte ein schönes, junges Gesicht.

Die beiden blieben unter unserem Fenster stehen, bis der Zug abfuhr. Wir winkten uns zum Abschied. Die Augen des Trägers waren immer noch feuchter, als bei der Begrüßung im Zimmer. Wir hatten den Eindruck, daß auch hinter Ludmillas Brillengläsern etwas Tränenartiges glitzerte. Seele und Ideologie müssen sich treffen wie Feuer und Wasser. Auf der Fahrt durch Rußland öffneten sich nach unseren kurzen Begegnungen mit Menschen immer wieder Pforten, die nach innen führten: beim Abschied. Es begleitete uns das Gefühl, daß sie bei einer Rückkehr noch offenstehen würden.

Der Zug fuhr in den Abend hinein. Die Hitze des sibirischen Sommers verflüchtigte sich in den klaren Himmel. Wenn die Bahn den Abhängen langgezogener Hügel folgte, konnte man über die Wälder sehen, deren gewaltige, grüne Wellen wie ein Ozean hinter dem Horizont versanken. Die Sonne stand hinter uns; wir fuhren nach Osten. Unser nächstes Ziel war Irkutsk an der Angara beim Baikalsee: sechsunddreißig Bahnstunden von Nowosibirsk.

Diesmal teilten wir das Schlafwagenabteil mit einem jungen Paar. Er war eine Hünengestalt mit klaren Augen und einem guten Gesicht. Mit ruhigen Bewegungen verstaute er das Gepäck. Die Frau war hübsch und freundlich. Bald deckte sie den kleinen Klapptisch am Fenster mit einem frisch gebügelten, weißen Tuch. Offenbar haben diejenigen, die da sagen, alle Bewegung sei nichts anderes, als ein physikalischer Vorgang, eine Funktion von Ort und Zeit, noch nie die Bewegungen eines Menschen beobachtet, die soviel ausdrücken können. Wer Bewegungen zu beobachten versteht, wird selten überrascht sein, wenn sich ein Mensch, von dem er nur den Rücken gesehen hat, umdreht.

Mit spielerischer Geschicklichkeit zerschnitt die Frau eine Gurke. Brot lag in schönen Scheiben neben zwei geräucherten Fischen, die herrlich dufteten. Die Form der Fische erinnerte an Wandzeichnungen in römischen Katakomben, wo urchristliche Gemeinden ihre vom Kaiser verbotenen Gottesdienste hielten. Eine Flasche Weißwein, die in einer Nummer der «Prawda» eingewickelt gewesen war, stellte sie mit zwei Gläsern auf das kleine Bord beim Fenster. Dann zerlegte sie mit ihren flinken, geschickten Händen ein gebratenes Huhn und legte das appetitliche Fleisch einladend auf den letzten freien Platz der kleinen Tafel. Der Mann war hinausgegangen und kam mit zwei Gläsern zurück, die er bei der Schaffnerin entliehen hatte. Mit fragloser Selbstverständlichkeit stellte er sie auf die unseren Betten zugewandte Seite des Tischchens und setzte sich. Die Frau schaute auf den gedeckten Tisch, zum Mann und dann zu uns: mit einer Geste und einem herzlichen, schönen Lächeln lud sie zum Essen ein. Auf unsere erstaunten und fragenden Blicke antwortete er mit zum Zugreifen auffordernden Bewegungen und einem offenen, herzhaften Lachen. Als Inge russisch zu sprechen begann, fiel er ihr beinahe um den Hals.

Wir ließen uns Fisch und Huhn schmecken, dazu das frische Brot und den Wein aus Georgien. Als die Flasche leer war, holte ich im Speisewagen Bier; Wein gab es nur eine Sorte, die süß und schwer war. Die tiefstehende Sonne vergoldete die Birkenstämme; in den Wäldern begann es Nacht zu werden. Ein russisches Sprichwort heißt: «Zum Himmel sind es sieben Werst und bis dorthin ist Wald.» – Auf unserer ganzen Reise durch Rußland hat uns kein Essen so gut geschmeckt. Boris und Nina erzählten und fragten, Inge übersetzte hin und zurück.

Boris war Ingenieur in Bratsk; ein Name, der in Rußland ein Begriff ist. Mitten im sibirischen Urwald, an der vom Baikalsee genährten Angara, ist dort eines der größten Wasserkraftwerke der Welt gebaut worden. Eine einzige Maschine produziert soviel Elektrizität wie ein ganzes Rheinkraftwerk. Boris war dabei, als man 1955 in der Wildnis mit dem Bau begann. Im Winter hatten sie bei fünfzig Grad Kälte gearbeitet und im Sommer trugen sie über dem Gesicht Moskitonetze, um sich vor den Myriaden von Stechmücken zu schützen. Boris war, was in der Sowjetunion etwas heißt, ein Bratsker Pionier. Als ihm Inge meine Anerkennung und Achtung übersetzt hatte, lachte er aus blauen Augen und einem wetterbraunen Gesicht sein herzhaftes, offenes Lachen. Seither sind in Rußland größere Kraftwerke gebaut worden, noch größere sind im Bau. Auch diese stehen an den gewaltigen sibirischen Strömen. Bratsk ist heute eine Stadt von 300000 Einwohnern.

Als wir uns am Abend des nächsten Tages der Station Tayschet näherten, begann Boris seine Sachen zu packen. Die Bahn nach Bratsk zweigt dort von der transsibirischen Linie ab. Nina fuhr mit uns weiter bis zu einem kleinen Ort in der Nähe von Irkutsk. Sie war nicht seine Frau. Zum Abschied schenkte uns Boris eine Rubelmünze, die zum fünfzigjährigen Jubiläum der Oktoberrevolution geprägt worden war. Auf der Kopfseite stand Lenin vor Sichel und Hammer, seinen rechten Arm aufwärts in einer zukunftweisenden Geste erhoben. Wir schenkten Boris zur Erinnerung ein schweizerisches Fünffrankenstück. Interessanterweise hatten beide Münzen bis auf den Bruchteil eines Millimeters die gleiche Dicke und denselben Durchmesser. Da die Silbermünzen auch in der Schweiz durch billigere Metalle ersetzt worden waren, bestand der Unterschied lediglich in der Prägung. Lenin hatte prophezeit, daß in einem sozialistischen Staat Gold und Silber bald so wertlos seien, daß sie zur Verzierung von öffentlichen Bedürfnisanstalten verwendet werden würden.

Boris wollte wissen, wer der Mann auf der Schweizer Münze sei. Daß es ein Bauer aus den Bergen sei, wollte er nicht glauben. In der Not sprachlicher Schwierigkeiten gaben wir nach und beantworteten seine Frage, ob es sich um den Schweizer Lenin handle, mit ja. Verständnisvoll nickend betrachtete Boris den geprägten Tell.

Akademgorodok

ПЕСНЯ НЕ ЗНАЕТ ГРАНИЦ!

Am Baikalsee

Auf dem asphaltierten Vorplatz des Hotels «Sibirien» in Irkutsk umfuhren mongolische Radrennfahrer zum Spiel und Vergnügen flink die Betonpfosten, auf welchen Topfblumen standen, die wohl zum Inventar des Hotels gehörten. Die Abenddämmerung war schon fortgeschritten als wir uns unter der Eingangstür von Maria, unserer neuen Begleiterin, verabschiedeten. Im Wegschreiten drehte sie sich zurück und sagte: «Also, morgen fahren wir an den Baikal» – und kicherte. Schon hatte ich warnend die Hand ausgestreckt und wollte «Vorsicht» rufen. Aber der Mongole war ihr mit seinem Rennrad geschickt ausgewichen, bevor sie die Gefahr gesehen hatte. Auch seine Kameraden umhuschten mit der Sicherheit von Fledermäusen alle Hindernisse auf ihren kurvenreichen Bahnen.

Maria studierte an der Irkutsker Sprachhochschule Deutsch. Während der Ferien arbeitete sie als Intourist-Agentin. Wenn sie russisch sprach, kicherte sie nicht.

Die mongolischen Sportler erinnerten daran, daß wir mitten in Asien waren. Sie kamen aus Ulan Bator, der Hauptstadt der Mongolei. Die mongolische Grenze war keine zweihundert Kilometer von Irkutsk entfernt, in Sibirien ein Katzensprung. Wie ein riesiger Felsblock liegt die Mongolei auf dem Grat des von Süden aus China und von Norden aus Rußland her ansteigenden politischen Gebirges. Niemand kann wissen, auf welche Seite sie fallen wird. Auf der Landkarte ist China gelb und Rußland grün gefärbt, die Mongolei gelbgrün. Wird das Grün oder das Gelb aus dem Farbgemisch verschwinden? – Die Mongolen wurden im Hotel sehr zuvorkommend behandelt und im Restaurant sofort bedient. Zur Zeit der chinesisch-russischen Freundschaft fuhr der Moskau–Peking-Expreß über Ulan Bator.

Die Gesichter der mongolischen Radrennfahrer fielen im Straßenbild von Irkutsk auf. Während unserer Fahrt durch

Im Stadtpark von Irkutsk: «Das Lied kennt keine Grenzen!»

Sibirien haben wir nur selten Asiaten gesehen. Man wähnte sich in Europa, während man tagelang durch die Steppen und Wälder Nordostasiens fuhr. Wo waren die Ureinwohner? In den Museen von Nowosibirsk, Irkutsk und Chabarowsk sahen wir ihre Jurten und Geräte und dazwischen sie selbst – als lebensgroße Puppen. Die asiatischen Gesichter waren aus Wachs.

In den völkerkundlichen Museen amerikanischer Städte kann man auf die gleiche Weise das Leben der Indianer studieren. Alles ist schön nachgebildet. Außer den Gefilden, wo sie jetzt sind, den ewigen Jagdgründen, fehlt nichts. Vielleicht hätte Walt Disney auch das geschafft.

In Sibirien fragten wir verschiedene Leute nach den Ureinwohnern. Am schnellsten antworteten unsere Führer und Führerinnen: «Bei Jakutsk an der Lena oder Werchojansk im Lande der Jana.» Das Gebiet liegt in der Nähe des Polarkreises. In der Schule lernt man, daß Werchojansk mit sechzig bis siebzig Grad unter Null der Kältepol der Erde sei. (Als es den Indianern am Missouri und Mississippi, am Erie- und Huronsee nicht mehr gefiel, gingen sie nach Alaska.)

Am anderen Morgen holte uns Maria in einem Taxi ab. Die Straße folgte dem Tal der gewaltigen Angara, dem Ausfluß des Baikalsees, der etwa siebzig Kilometer von Irkutsk entfernt ist. Wir hatten den Eindruck, daß der Chauffeur nicht ein besonders sicherer Fahrer war. Der Asphalt der schmalen und stark bombierten Straße, die wie ein Tonsurstreifen durch die Wälder lief, war vom Frost arg hergenommen. Häufig mußten wir entgegenkommenden Lastautos ausweichen. In Abständen von einigen Kilometern konnte man am Straßenrand kleine, offene Blockhütten sehen. Es waren Autobusstationen; in einer warteten mit stoischer Ruhe Kühe. Nach zweistündiger Fahrt öffnete sich das Tal; unvermittelt wichen die bewaldeten Berge auf beiden Seiten zurück. Die Höhenzüge versanken im Sommerdunst einer unübersehbaren Wasserfläche: Wir waren am märchenumsponnenen Baikalsee.

Die Straße, die der rechten, weniger gebirgigen Seite des Angaratales gefolgt war, endete in einer Siedlung von Blockhäusern, die den Namen «Lärchendorf» hatte. Selten sieht man eine Straße so plötzlich und eindeutig enden: am hölzernen Tor einer Schiffswerft. Dahinter gab es über fünfhundert Kilometer weit nach Norden und auf der anderen Seite des Sees hunderte von Kilometern nach Süden keine Straße mehr. Allein Schiff und Wasserflugzeug verbinden die wenigen Siedlungen am Ufer des über sechshundert Kilometer langen und mehr als fünfzig Kilometer breiten Sees. Allerdings nur zur Sommerzeit, im Winter herrscht das Eis. Früher wurden im Winter die Geleise der transsibirischen Bahn zur Abkürzung über den gefrorenen See gelegt.

Maria wies den Chauffeur an, auf dem Platz vor einem zweistöckigen, grau verputzten Steinhaus, dessen rahmenlose Fenster teilnahmslos auf den See schauten, anzuhalten. In flotter Fahrt bog er von der Straße ab, einige Leute sprangen zur Seite, zwei hatten gerade noch Glück. Mit einem Ruck blieb das Auto stehen. Niemand sagte ein Wort. Wir stiegen aus.

Maria zeigte auf das Haus: «Jetzt besuchen wir das Baikalsee-Museum, dann machen wir eine kleine Bergtour – bis zum Mittagessen.» Wieder kicherte sie. Auf ihren Stöckelschuhen ging sie voran und schwenkte die zu den Schuhen passende, graue Handtasche. Eine steinerne Treppe führte zum Eingang des grauen Hauses.

In runden und kantigen Gläsern schwebten die Wasser- und Waldtiere des Baikalgebietes im Spiritus oder starrten aus der Stellung, die ihnen der Präparator gegeben hatte. Ein gläsernes, übertieftes Modell des Baikalsees glitzerte wie eine jener Lampen in mondänen Bars. Maria erklärte alles und nannte, ohne mit der Wimper zu zucken, sehr große Zahlen. Es gab viel Wasser, Holz und Pelz. Das Baikalwasser ist für seine Klarheit berühmt. Maria sagte uns, wie viele Meter man in die Tiefe sehen konnte. Der See ist fast zweitausend Meter tief und birgt eine einzigartige Tierwelt aus der Frühgeschichte des Lebens. Maria gab ihrer Hoffnung Ausdruck, daß wir einen Fisch mit dem Namen Omul zum Mittagstisch erhalten würden.

Bei Irkutsk und Bratsk wird die Angara durch gewaltige Mauern gestaut. Die Kraft ihrer strömenden Wasser wird genutzt und durch Kupferdrähte weggeführt. Aus Wald und Wasser und Elektrizität läßt sich Zellulose herstellen. Die Welt braucht Papier in unvorstellbaren Mengen. Das Wasser wird benützt, um die Abfälle wegzuspülen. Das schlimmste, was es für ein Gewässer gibt, sind die Abfälle einer Zellulosefabrik.

Kürzlich wurde am Baikalsee die erste gebaut; russische Hydrologen hatten davor gewarnt. Eine einzige Zellulosefabrik wird kaum reichen, um die riesigen Wälder zu verarbeiten.

Geheimnisvolle Kräfte leiten die Fischzüge von den Meeren in die Quellgründe der Flüsse und von dort wieder zurück in die Ozeane. Viele Fischarten brauchen diese Wanderschaft, um sich fortzupflanzen. Wenn ihnen der Weg verbaut ist, sterben sie aus. Bald stehen in allen Flüssen der Erde unerbittliche Mauern. Der flinke Lachs und der starke Stör, die Wasserfälle überwinden, vermögen sich keinen Weg durch die mahlenden Wirbel der Turbinen zu bahnen.

Im Lärchendorf soll ein alter Mann den Kindern ein Märchen aus einer Zeit erzählt haben, als die Menschen glaubten, nicht vom Brot alleine leben zu können.

Wenn Robert Oppenheimer von den Amerikanern als Vater der Atombombe bezeichnet wird, so können die Russen Akademiemitglied und Leninpreisträger Andrej Sacharow Väterchen der Wasserstoffbombe nennen. Dieser Physiker Sacharow hat in einem Memorandum kürzlich erklärt, wie er sich die Zukunft vorstellt. Dadurch hat er sein Einvernehmen mit der Sowjetregierung getrübt. Unter anderem äußerte er den Gedanken, daß in absehbarer Zeit die gesamte mit den russischen Strömen erzeugte Elektrizität dazu verwendet werden müsse, aus den mit industriellen Abfällen verseuchten Gewässern genügend Trinkwasser zu produzieren. So etwas kann nur in einem kapitalistischen System sinnvoll sein, weil da die Aktien der Trinkwasserfabriken mit zunehmender Gewässerverseuchung steigen. Noch besser werden einmal die Aktien der Atemluftfabriken stehen, weil man ohne Luft höchstens einige Minuten am Leben bleibt. Werbung wird überflüssig, die hohen Kosten können eingespart und als Dividenden ausgeschüttet werden.

Die Bergtour war den Stöckelschuhen zum Trotz ein beachtlicher Spaziergang. Mit ihren kleinen, zähen Beinen kletterte Maria auf den hohen Absätzen über steil ansteigende Waldpfade zu einem Felsen, der den Blick in das Tal der Angara und über den Baikalsee freigab. Die Welt war mit Wasser und Wald bedeckt, soweit man sehen konnte. Sicher war dieser Fels jahrhundertelang ein Ausguck der Jäger gewesen. Baikal ist ein tatarisches Wort und heißt reich. Bei klarem Wetter konnte man die Berge der Mongolei sehen. Mongolisch heißt der See «dalai-nor», «Meer-See». Hinter der Mongolei liegt ein Land, das seinerseits Anspruch auf das viele Wasser mit den großen Wäldern erhebt: China.

Nach der Bergtour hatten wir Hunger und Durst, wir freuten uns auf den Omul und das kristallklare, kühle Baikalwasser. Das Restaurant stand an der Autostraße und war aus Beton, Aluminium, Glas und Kunststoff. Davor standen ein leerer Autobus und zwei dröhnende Kompressoren. Daneben wurden vorfabrizierte Betonelemente so zusammengestellt, daß ein fünfstöckiges Haus entstand. Maria zeigte auf die Kompressoren und schrie: «Hier wird das erste Hotel am Baikal gebaut. Wenn Sie das nächste Mal kommen, können Sie direkt am See wohnen.» Und wieder kicherte sie.

Das Restaurant war überfüllt. Maria schlug einen Spaziergang am See vor. Die Chauffeure fuhren mit beachtlicher Geschwindigkeit auf der schmalen Straße, die unmittelbar am Ufer entlang führte. Sie waren gewohnt, daß die Fußgänger zur Seite sprangen. Als wir zum dritten Mal zurückkamen, war das Restaurant immer noch besetzt. Wieder wies Maria auf die Kompressoren und schrie: «Das Restaurant wird auch vergrößert.»

Um drei Uhr konnten wir einen Platz finden. Omul gab es keinen mehr. Das Wasser war herrlich, das einzige ohne Chlorgeschmack, das wir auf unserer ganzen Reise durch Rußland getrunken haben. Nikita Chruschtschow hatte während seiner berühmten Rede im UNO-Palast in New York, während der er einen Schuh auszog, um damit auf sein Pult zu schlagen, von einem Mineralwasser getrunken, das er eigens aus Rußland mitgebracht hatte. Immer wieder nahm er einen Schluck davon und sagte, wie gut dieses Wasser sei. Wir versuchten alle Mineralwasser, die wir zwischen dem Finnischen Meerbusen und dem Amur kaufen konnten. Sie kamen aus allen möglichen Gegenden der Sowjetunion; aus dem Kaukasus, aus Georgien, der Ukraine, dem Ural. Aber alle schmeckten gleich: nach dem Desinfektionsmittel Jodchinolin. Wie das riecht? Nach Spital.

In den Vestibüls der russischen Hotels pflegen Polstergruppen zu stehen. Darunter versteht man in der Schweiz eine Anzahl Fauteuils, die in ungezwungener Anordnung um ein niedriges, mit Vorliebe nierenförmiges Tischchen gruppiert sind. Wer in der Schweiz etwas auf sich hält, muß seinen Gästen eine solche Polstergruppe anbieten können.

Auf den Nierentischchen der russischen Hotels waren Aschenbecher, Zeitungen und illustrierte Zeitschriften in russischer, aber auch in anderen Sprachen ausgelegt. Am meisten war Deutsch, Englisch und Französisch vertreten. Es gab Titel wie «Neue Welt», «Neue Zeit» oder «Die Sowjetfrau». Die Bilder waren zum größten Teil farbig. Es fiel mir auf, daß in diesen Zeitungen immer wieder Kurzgeschichten erschienen, die das nämliche Problem zu umkreisen schienen. Inge sagte mir, daß solche Geschichten auch in der «Prawda» und «Iswestija» häufig zu lesen seien.

Da ist die Geschichte vom Vater, der zuerst eigentlich nur sehr wenig trank. Dann aber kam er immer später nach Hause. Der kleine Andrej und sein Schwesterchen Nina fragten die Mutter. Als er überhaupt nicht mehr nach Hause kam, sagten die Kinder, sie glaubten nicht, daß es eine Fabrik gäbe, in der man so lange arbeiten müsse. Die Mutter weinte, und Andrej sagte zu Nina, daß er nie Alkohol trinken werde, wenn er ein Mann sei. Auch vom Bruder und vom Bräutigam habe ich die Geschichte gelesen; auch vom Freund, der einmal so gut war.

Eine Maschine, die planmäßig ablaufen soll, muß regelmäßig geschmiert werden. Schmiermittel sind Flüssigkeiten. Aber zu dünn darf die Flüssigkeit nicht sein. Man verwendet Öl und nicht etwa Alkohol. Kein guter Maschinist verwendet Alkohol.

Der Alkohol wurde verfolgt, erwischt und eingesperrt. Aber kein Gefängnis war so dicht, daß die flinke Flüssigkeit nicht durch die Gitter entweichen konnte. Die Jagd beginnt von neuem; die Jäger werden zu Gejagten. Drei Jahre nach Lenins Machtergreifung, 1920, wurde in Amerika der Alkohol verbannt. Das hatte Lenin nicht gewagt, Stalin wagte es auch nicht. Der kannte sich aus und verbannte nur Dinge, die hinter Gittern sicher sind. Er wußte, was mächtiger ist als der Zar: König Alkohol. Vielleicht hatte er Jack London gelesen. Der Verbannte verließ Amerika nicht: er sickerte in den Grund und fraß an den Fundamenten. Man mußte ihn 1933 wieder ans Licht lassen.

Die Stärke eines Königs ist durch die Schwäche seiner Untertanen bestimmt: ohne Hörigkeit gibt es keine Macht. Der Alkohol kann nicht verbannt werden, aber seine Sklaven. Chruschtschow führte im Strafgesetzbuch einen Paragraphen zur Bekämpfung des Schmarotzertums ein. Vielleicht zur Ergänzung des Paragraphen 206, der den Hooliganismus betrifft und Freiheitsstrafen von sechs Monaten bis zu fünf Jahren vorsieht. Im Duden-Fremdwörterbuch heißt es: «Hooligan: 1) gewalttätiger, roher Mensch, Rowdy, Straßenlümmel. 2) Halbstarker (in Amerika, England, Polen und vor allem in der UdSSR).» Andrej Amalrik schreibt in seiner «Unfreiwilligen Reise nach Sibirien», daß man wegen Trunksucht verschickt werden kann. Es geht aus seinen Beschreibungen nicht hervor, ob zwischen Verschickten und Verbannten unterschieden oder ob heute statt verbannt verschickt wird.

Der Kalininprospekt in Moskau gilt als die Paradeavenue der sozialistischen Zukunft. Die breite Straße läuft durch zwanzig- und dreißigstöckige Fassaden aus Aluminium, Glas, Beton und Stahl. In Sechserkolonnen rollten die Automobile. Alles neu. Wir zogen es vor, mit der Untergrund bis zum Kiewer Bahnhof zu fahren, um von dort aus durch ein Stück Alt-Moskau zu unserem Wolkenkratzer, dem Hotel «Ukraine» zu spazieren. Es war auf dem Kalininprospekt, als wir das erste Mal einer Betrunkeneneskorte begegneten. Sie bestand aus drei Menschen.

Der Begleitete trug einen grauen, ziemlich verbeulten Anzug. Er ging langsam und bedächtig; immer wenn er stehen blieb, blieben auch seine Begleiter, eine Frau und ein Mann, stehen. Stets ein wenig hinter ihm, nicht näher als einen halben Meter – aber nie weiter weg als zwei Schritte. Nur wenn er stark zu schwanken begann oder die Richtung ändern wollte, trat einer zu ihm hin und hielt seinen Arm. Meistens die Frau. Sie trug ein hübsches Sommerkleid, kurz. Es war eine frühe Abendstunde, die Sonne stand noch hoch. Der Betrunkene schwieg. Seine

Begleiter sprachen dann und wann ein paar Worte untereinander oder zu ihm. Leise, man konnte sehen, daß man unbemerkt bleiben wollte. Niemand kümmerte sich um die drei, die auf ihrem langsamen Marsch immer wieder stehen blieben.

Nach größeren Etappen hielt sich der Betrunkene ab und zu an einem Kandelaber oder an der Lehne einer Sitzbank fest. Nie versuchte er, sich zu setzen. Manchmal blieb er vor einem Schaufenster stehen und stützte sich mit ausgestreckten Fingern leicht gegen die Scheibe, wort- und lautlos auf das Spiegelbild starrend, das ihn mit den Fingerspitzen berührte. Seine Begleiter standen zu beiden Seiten neben ihm, betrachteten die Auslage und sprachen ihm leise zu. Bald bewegte sich die Gruppe wieder in der ursprünglichen Richtung. Als er die Jacke ausziehen wollte, halfen sie ihm sofort. Die Frau wollte sie tragen, aber er gab sie nicht her. Als er an den gläsernen Fassaden hochblickte, hätte er beinahe das Gleichgewicht verloren; der Mann stützte ihn von hinten. Schließlich bogen sie in eine Seitenstraße ein, wo die Häuser viel niedriger waren.

Die Parks der russischen Städte sind sehr reizvoll. Zwischen den prächtigen Bäumen gibt es Unterholz wie in einem Wald. Fußpfade, die nicht zum offiziellen Wegnetz gehören, führen hindurch. Ein Paradies für Kinder. Liebespaare sahen wir selten. Natürlich kommt es darauf an, wie man sich ein Liebespaar vorstellt.

In Irkutsk stand ein Gebäude der Universität in einem solchen Park. Viele schmale Pfade, die zu diesem stattlichen Haus aus der Jahrhundertwende führten, liefen, Wildwechseln vergleichbar, durch dichtes Gebüsch. Wenn man es auf diesen verborgenen Wegen erreichte, tauchte das Gebäude unerwartet aus dem Blätterdach. Haus und Umgebung trugen jenen Grad an geordneter Unordnung, welche einen Ort wohnlich macht. Natürlich gab es auch frisierte Parkanlagen, wo nur die Gärtner den Rasen betreten durften. Es war in einem Park, wo wir einer anderen Eskorte begegneten. In Irkutsk.

Der Park lag etwas außerhalb der Stadt auf einer Anhöhe, von wo man über die Häuser bis hinunter an die Angara sehen konnte. Wir fanden ihn zufällig, als wir durch die Außenquartiere mit ihren schönen, alten Holzhäusern spazierten. Unsere Führerin Maria hatte nichts davon gesagt. In der Nähe stand eine Kirche, in welcher Gottesdienste abgehalten wurden. Wahrscheinlich war es der größte und schönste Park von Irkutsk.

Von der Stadt her führte eine lange Freitreppe zu einem weißgetünchten Bogen aus Beton, der frei vor den Bäumen stand und im Tympanon, aus Zement gegossen, Sichel, Hammer und Sowjetstern trug. Man hörte Musik, irgendwo im Park spielte ein Orchester. Hinter dem Tor war eine Promenade mit Blumenanlagen und Ruhebänken, von welcher links und rechts Wege abgingen und im Unterholz des Parkes verschwanden. Wir folgten einem der Pfade in der Richtung, wo die Musik her kam.

Nach etwa zweihundert Metern öffnete sich der Wald; in der Lichtung stand der Orchesterpavillon, eine hohe Betonmuschel. Davor standen, Reihe hinter Reihe, wie in einer Kirche, Sitzbänke unter freiem Himmel. Es war ein schöner Sommerabend. In den Pausen rauschte ein leiser Wind in den Kronen der prächtigen Bäume. Die hinteren Bankreihen waren beinahe unbesetzt; viele Leute blieben stehen oder spazierten langsam vorüber. Das Symphonie-Orchester von Irkutsk spielte die Ouvertüre zu «Carmen» von Georges Bizet. Wahrscheinlich waren die Musiker in der gleichen Kategorie engagiert wie die verdienten Schauspieler des Dramatischen Puschkin-Theaters von Moskau oder des Krim-Ukrainischen Musikalisch-Dramaturgischen Theaters, die wir in Nowosibirsk und Irkutsk hatten spielen sehen.

Der Betrunkene wurde diesmal von drei Männern begleitet; zwei hinter und einer unmittelbar neben ihm. Offensichtlich war er von der Musik angezogen worden und wollte nun möglichst nahe zum Orchester. Seine Eskorte drängte ihn, ohne ihn zu berühren, in Richtung des Waldes ab. Gesprochen wurde nur andeutungsweise und im Flüsterton. Er schwankte. Das Orchester spielte. Er sagte kein Wort; seine weit geöffneten Augen gaben ihm das Aussehen eines staunenden Menschen. Mehrere Male schritt er hinter der letzten Bankreihe durch und schaute unentwegt nach dem Orchester. Sein Blick ging nicht weiter als fünf Zentimeter; vermutlich schielte er nüchtern nicht. Wenn er stehen blieb, gingen zwei der Begleiter langsam weiter und der dritte stellte sich drängend an seine

Seite. Niemand kümmerte sich darum. Nach einigen Minuten hatten sie es geschafft; die Eskorte war im Wald verschwunden.

Nach kurzer Zeit tauchte er auf der anderen Seite wieder auf. Wahrscheinlich hatte er sich nach dem Schall des Orchesters orientiert. Aber es gelang den Begleitern, ihn zur Umkehr zu bewegen, bevor er die Bankreihen erreichen konnte. Nachdem er sich breitbeinig ein letztes Mal nach der Betonmuschel umgedreht hatte, verließ er so still, wie er gekommen war, Schritt für Schritt den Platz.

Wir haben in Rußland nicht viele Betrunkene gesehen.

Auf der Rückreise nach Moskau wurde unser Wagen von einem Schaffner-Ehepaar betreut. Das war eine Ausnahme, gewöhnlich taten zwei Schaffnerinnen diesen Dienst. Nach dem dritten oder vierten Tag blieb der Mann nach dem Nachtessen im Speisewagen. Zwei Reisende hatten ihn eingeladen, der Wodka floß. Nach Sonnenuntergang, als der Speisewagen geschlossen wurde, kamen die drei zurück. Im engen Korridor des Eisenbahnwagens konnten sie sich gut festhalten. Wortlos schwankend verschwanden sie in ihren Betten. Am nächsten Tag betreute die Schaffnerin den Wagen alleine. Auf den Stationen scherzte sie mit ihren Kolleginnen von den anderen Wagen. Hie und da warf sie einen Blick in das Dienstabteil und in das Abteil nebenan, in dem die Gastgeber ihres Gemahls reisten. Am Abend übernahm der Mann den Dienst; bis Moskau waren es noch zwei oder drei Tage.

Über den Amur und zurück

Bei unserer Ankunft im Hotel «Sibirien» in Irkutsk mußten wir, wie an den anderen Orten auch, die Reisepässe und die sowjetischen Visa beim Empfang abgeben. Das Visum war nicht, wie bei anderen Ländern üblich, in den Paß gestempelt, sondern bestand aus einem mit Schreibmaschine ausgefüllten Formular. Bei der Gelegenheit erhielten wir unsere Coupons für Unterkunft und Verpflegung, für welche man vor der Einreise in die Sowjetunion zu bezahlen hatte.

Als ich die in Umschlägen eingehefteten Coupons nachzählte, stellte ich fest, daß es zuviel waren. Ich sprach mit unserer Agentin. Maria blätterte in ihren Zetteln und sagte:

«Sie bleiben bis Sonntag in Irkutsk.»

Das war ein Tag mehr, als in unserem, vom schweizerischen Intourist-Vertreter zusammengestellten Reiseprogramm vorgesehen war, was bedeutete, daß uns am Ende der transsibirischen Eisenbahnfahrt, in Chabarowsk am Amur, nur ein Tag zur Verfügung stand. Und das vor der einwöchigen Rückfahrt nach Moskau. Als ich dies Maria auseinanderzusetzen versuchte, lächelte sie und betonte, daß ihre Papiere direkt aus Moskau kämen.

Die Straße, die am Hotel vorbeiführte, wurde während der Nacht aufgerissen. Der Kompressor stand direkt unter unserem Fenster. Ich habe nur noch in Amerika so große Kompressoren gesehen. Wir nützten die Schlaflosigkeit, um bei einem Glas Wodka den Reiseplan zu studieren. Bald hatten wir herausgefunden, daß unser Reiseagent in Basel für die Strecke zwischen Irkutsk und Chabarowsk einen Tag zuviel berechnet hatte, so daß uns doch zwei Tage für den Aufenthalt am Amur blieben. Wir begriffen, daß bei einer einwöchigen Fahrt, wo allein die Zeitverschiebung schon sieben Stunden betrug, so etwas passieren konnte und nahmen uns vor, ihm trotzdem eine Flasche Wodka aus Rußland mitzubringen.

Wir versuchten zu schlafen. Der Kompressor war stärker. Bei einem zweiten Glas Wodka breiteten wir die Landkarte von Ostasien aus und suchten die im Taschenfahrplan der «Railways of the USSR» angeführten Stationen. Für die mehr als

3300 km lange Strecke waren nur vier Orte angegeben: Irkutsk, Ulan-Ude, Chita und Chabarowsk. Die Abfahrtszeit bei Chita war mit 14.14 und die Ankunft in Chabarowsk mit 06.45 angegeben. Die Strecke zwischen diesen beiden Städten betrug gute 2300 km. In dem Zustand, in den uns Kompressor und Wodka versetzt hatten, rechneten wir uns aus, daß der Zug auf dieser Strecke mit einer durchschnittlichen Geschwindigkeit von 165 km/h fahren mußte. Schließlich aber merkten wir, daß es beim gegenwärtigen Stand der Eisenbahntechnik wohl nötig war, zur Differenz der angegebenen Fahrplanzeiten vierundzwanzig Stunden hinzuzuzählen. Zu später Stunde lernten wir, die Fahrplankünste des Basler Reisefachmanns zu respektieren, beschlossen aber gleichzeitig, es bei einer Wodkaflasche für ihn bewenden zu lassen.

Unser Hotel in Chabarowsk hieß «Ferner Osten». Da wir jetzt keine Fahrplanberechnungen mehr durchführen mußten, baten wir um ein ruhiges Zimmer. Die Dame von Intourist gab uns Coupons für einen Tag und sagte:

«Morgen fahren Sie Nachodka und Japan.»

In Anbetracht der Präzision und Zwangsläufigkeit, mit welcher das Programm des Intourist ablief, wehrten wir uns sofort und betonten, daß wir erstens nach Moskau zurückfahren und zweitens mehr als einen Tag in Chabarowsk bleiben wollten. Die Dame schaute auf ihre Zettel und sagte:

«Sie fahren morgen Nachodka und Japan.»

Dann verabschiedete sie sich lächelnd.

Wir gingen zur Rezeption und baten, mit einem Intourist-Agenten zu sprechen. Die Dame telephonierte und nach wenigen Minuten kam ein nervöser, großgewachsener, junger Mann. Er war Deutschstudent an der Sprachhochschule von Chabarowsk und arbeitete während der Ferien bei Intourist. Wir erklärten ihm unser Problem. Seine Antwort war:

«Ja, ja, ja, ja, wir machen jetzt eine Stadtrundfahrt.»

Wir fuhren mit einem Taxi in der Stadt herum. Die Straßen und Plätze, durch die er uns führte, hätten in Nowosibirsk oder Irkutsk sein können. Er zeigte die neuen Teile der Stadt. Was den Städtebau betraf, so hatten offensichtlich die Russen die Amerikaner eingeholt. Es ist zu fürchten, daß auch die westeuropäischen Architekten bald so weit sein werden.

Der alte Teil von Chabarowsk, beziehungsweise das, was von ihm übriggeblieben ist, lag an einem Hügel, der steil zum Amur abfiel. Von da aus konnte man weit über den mächtigen Strom sehen. Bis zum anderen Ufer waren es zwei Kilometer. Auf dem Wasser glänzte das Öl in Regenbogenfarben; die Petroleumraffinerie konnte man stromaufwärts sehen. Zwischen den Rektifiziertürmen brannten die Abgasfackeln. Der Rauch stand vor dem Horizont; es sah aus, als ob der hohe Sommerhimmel an dieser Stelle von schweren Gewichten zur Erde gezogen würde. Im Westen war China, die Sonne stand im Zenit, in Moskau leuchtete zur gleichen Zeit das frühe Morgenrot. Um einen Strom zu kennen, muß man jahrelang mit ihm leben.

Trotz der vielen Inseln war deutlich sichtbar, daß hier zwei große Ströme zusammenflossen. Wir fragten unseren Führer, welches der Ussuri sei. Mit einem nervösen Lächeln zeigte er mit eingezogenem Arm andeutungsweise auf das Gebiet des Zusammenflusses. Ich zeigte nach dem Strom, der von rechts kam, und fragte:

«Dieser?»

«Ja, ja, ja, ja.»

Wir gingen ein Stück weiter zu einer Stelle, wo die Aussicht noch schöner war. Ich zeigte auf den Strom, der von links kam:

«Ist das der Ussuri?»

«Ja, ja, ja, ja.»

Amur und Ussuri bilden einen Teil der Grenze zwischen dem größten und dem drittgrößten Land der Welt. Wenn man nicht die Quadratkilometer, sondern die Menschen zählt, ist China das größte Land der Welt. Der einstige Schüler ist klüger geworden als der Lehrer, heute wirft China der Sowjetunion vor, den Kommunismus verwässert zu haben.

Nachdem der Intouristagent uns ins Hotel «Ferner Osten» zurückgebracht hatte, studierte er seine Zettel und sagte:

«Morgen vormittag werde ich Sie zur Bahn bringen.»

«Auf welchen Zug?»

«Nach Moskau.»

«Wir haben eine Karte für eine Bootsfahrt auf dem Amur.»

«Ja, ja, ja, morgen.»

«Wird vor der Abfahrt des Zuges Zeit dazu sein?»

«Nein.»

«Dann machen wir doch die Fahrt heute nachmittag.»
«Es gibt erst morgen ein Schiff.»
«Dann bleiben wir einen Tag länger.»
Der junge Mann blätterte nochmals in seinen Zetteln und schüttelte den Kopf:
«Nein, Sie fahren morgen nach Moskau.»
«Dann können wir die Amurfahrt nicht machen.»
Der Intouristmann zuckte die Achseln.
«Wer ist hier Chef?»
«Valentina Aleksevna.»
«Ist das eine Frau?»
«Ja», sagte er erstaunt und schaute mich von der Seite her an.
«Ich möchte sie sprechen.»
«Bitte.»
«Wo finde ich sie?»
«Valentina hat ihr Büro im Hotel ‚Central'.»
Sie war eine junge, gepflegte und gut angezogene Dame, brünett. Die Chefin des Intouristbüros von Chabarowsk bat uns Platz zu nehmen und setzte sich hinter ihren Schreibtisch aus graugestrichenem Stahlblech. Sie sprach ein gutes Französisch. Ich erklärte ihr unser Anliegen. Sie blätterte in einem Stoß Zetteln, die fünfte oder sechste Schreibmaschinendurchschläge waren.
«Das Schiff fährt erst morgen.»
«Wird die Zeit vor der Abfahrt des Zuges reichen?»
«Nein.»
«Können wir einen Tag länger bleiben?»
«Nein.»
«Wir mußten die Karten für die Amurfahrt schon in der Schweiz bezahlen.»
«Sie erhalten ihr Geld zurück.»
«Wir wollen auf dem Amur fahren.»
Die Dame zuckte bedauernd lächelnd die Achseln.
«Fährt sonst kein Schiff?»
«Nein.»
Mit einem dezenten Lächeln gab sie uns in ihrem angenehm klingenden Akzent den Rat, die Reise das nächste Mal besser zu planen. – Nach mehr als zehntausend Kilometer Eisenbahnfahrt fehlten uns ein paar Stunden.

Verärgert setzten wir uns an einen Tisch im Restaurant des Hotels «Central». Nach einer Weile erhob sich am Tisch nebenan ein junger Mann, trat zu uns, schlug stramm die Hacken zusammen und sagte in rollendem Deutsch:

«Wir begrüßen die Freunde aus der Deutschen Demokratischen Republik.» Wir grüßten zurück. Ich fragte ihn, warum er wisse, woher wir kommen. Er verstand mich nicht. Ich wiederholte die Frage und sprach langsam und deutlich. Er verstand mich nicht. Inge übersetzte meine Frage. Er deutete auf die Tischflagge. Wir hatten das Fähnlein nicht beachtet: Ährenkranz mit Zirkel und Hammer auf schwarz-rot-goldenem Grund. Er lud uns ein, an ihren Tisch zu sitzen. Wir begrüßten uns; Michail und Semjon waren Journalisten, Sonja Ärztin in einem Spital. Außer Michail mit seinen paar Brocken Deutsch verstand keiner eine fremde Sprache. Inge erzählte den drei von unserer verhinderten Amurfahrt.

«Wir werden mit Euch auf dem Amur fahren!»

Die drei waren begeistert. Sie wußten von der Schweiz, Lenin, Zürich.

«Aber es fährt heute kein Schiff», sagte Inge.

«Es fahren viele Schiffe, es fahren immer Schiffe!»

Der Weg zum Strom führte durch die Hauptstraße der Stadt, den Karl-Marx-Prospekt. Unterwegs trafen unsere Begleiter Freunde, ein Schauspielerehepaar. Wir erfuhren, daß sie auf dem Weg zu einer Beerdigung waren: einer ihrer Kollegen war mit dem Fahrrad gestürzt und nach einer Woche an den Verletzungen gestorben. Als sie vernahmen, daß Inge Schauspielerin sei, nahm die Frau einen silbernen Anhängeschmuck, der das Moskauertor in Leningrad darstellte, von ihrem Kleid und heftete ihn Inge an. Die Handlung war so überraschend wie eindeutig. Fragen oder Einwände wären lächerlich gewesen; sie küßten sich zum Abschied auf die Wangen. Zum Fluß war es nicht mehr weit.

Tatsächlich, an verschiedenen Anlegestellen warteten Schiffe. Es waren kleinere Motorschiffe mit Sitzbänken auf dem Vorder- und Hinterdeck und mit einer Kajüte für die Passagiere. Die meisten Schiffe waren ziemlich besetzt; manche Passagiere hatten zahlreiche Gepäckstücke dabei. Offensichtlich handelte es sich um fahrplanmäßige Transportschiffe. Michail hieß uns am Ufer warten und schritt eilig zum Fahrkartenschalter auf einem Anlegesteg. Das betreffende Schiff war zur Abfahrt bereit. Michail kam zurück und besprach sich leise und hastig mit den beiden anderen. Ich wollte ihm Geld für die Fahrkarten geben. Er winkte heftig ab und sagte zu Inge, wir sollten kommen und unter keinen Umständen sprechen. An Bord stand eine dicke Frau mit einer rindsledernen Anhängetasche, offenbar die Schaffnerin.

Sie trug keine Uniform; aufmerksam schaute sie zu uns hin. Ich hatte den Eindruck, daß andere Passagiere sie auf uns aufmerksam gemacht hatten.

«Nicht sprechen», flüsterte Michail.

Wir schwiegen und standen auf dem Deck wie eine fremde Hühnersorte. Die Schaffnerin trat näher. Nach einem kurzen, leisen und zischenden Wortwechsel mit unseren Freunden, wobei die Frau böse Seitenblicke nach uns warf, gab Michail ein lässiges Winkzeichen. Wir gingen wieder an Land. Semjon wies auf einen Kiosk, wo Getränke verkauft wurden. Ohne über den Vorfall zu sprechen, traten wir an die Theke. Michail bestellte Bier. Ein Mann in einem schmutzigen Arbeitskleid trat zu mir und sprach mich an. Ich konnte ihm die Flasche Bier nicht geben, Semjon wies ihn mit kräftigen Worten weg. Der Mann entfernte sich, ohne etwas zu erwidern. Semjon wandte sich an mich und sagte mit akzentuierten «P» und «R»:

«Lumpenproletarier!»

Es war das einzige deutsche Wort, das er kannte. Nach einigen Minuten trat der Mann wieder in meine Nähe. Ich zwinkerte ihm zu; mit einem vollendeten Elephantengriff nahm er die zwanzig Kopeken. Nur Inge hatte es gesehen.

Von der Fahrt auf dem Amur sprachen wir nicht mehr. Michail lehnte an die Theke und beobachtete die Landestege. Nach einer halben Stunde forderte er uns auf, ihm zu folgen. Wir gingen auf ein Schiff, das an einem Steg ohne Fahrkartenschalter lag. Niemand kümmerte sich um uns. Die Schaffnerin

Sie ist für die Wasserversorgung der Züge zuständig.

УРУША
100 ЛЕТ

kam mit den Fahrkarten erst während der Fahrt. Kein Mitglied der Besatzung trug eine Uniform, nicht einmal eine Schildmütze. Dem Steuermann hing sein dichtes Haar in wilden, dunklen Locken in die Stirn. Wir fuhren stromaufwärts und landeten nach einer halben Stunde an einem sandigen Strand. Wir glaubten auf der anderen Seite des Amur zu sein. Als wir an Land waren, sagte Michail, daß dies eine Insel im Zusammenfluß von Amur und Ussuri sei; das Dorf heiße Ussurskj.

Die meisten Passagiere gingen über eine schmale Laufplanke von Bord. Zwischen Feldern und Baumgruppen lagen verstreut die Häuser des Dorfes. Das Land war flach, die Insel mußte ziemlich groß sein. Wir gingen zum ersten Haus, es war eine Kantine. Semjon trat ein. Die beiden anderen forderten uns auf, ihm zu folgen. An einem Tisch an der Wand saß der Steuermann unseres Schiffes und aß Spiegeleier. Sonst war niemand da. Semjon sprach mit der Wirtin, die hinter einer großen Durchreiche stand, welche den Blick in eine blitzsaubere, geräumige Küche freigab.

Nach wenigen Minuten brachte die Wirtin eine Bratpfanne mit mindestens einem Dutzend brutzelnder Spiegeleier. Speck und Gurken waren dabei. Zum Trinken gab es Tee. Unsere Gastgeber hießen uns zugreifen. Plötzlich sprang der dunkelhaarige Steuermann von seinem Tisch auf, daß das Geschirr klirrte und der Stuhl nach rückwärts umfiel. Stehend wischte er sich mit der Serviette den Mund und warf das Tuch mit einer ärgerlichen Bewegung in den Teller. Dann verließ er ohne Gruß mit langen Schritten den Raum. Wir blickten unsere Freunde fragend an. Sie zuckten die Achseln.

Als wir wieder zum Strand kamen, war das Schiff weg. Die drei berieten sich. Sonja zeigte nach einer Stelle, wo eine Gruppe von Booten mit Außenbordmotoren festgemacht waren. Michail trat zu den Männern, die sich an den Booten zu schaffen machten, und sprach mit ihnen. Schließlich winkte er uns, schweigend stiegen wir ein. Es war ein kräftiger Wind aufge-

Lenin, in Aluminium gegossen. So grüßte er anläßlich seines 100. Geburtstages den Reisenden auf fast allen Bahnhöfen.

kommen, der Wellen in den breiten Strom blies. Gischt spritzte vom Bug her über das Boot. Michail sagte Inge, daß ich keine Angst zu haben brauche. Auf seinem hohen Ufer lag Chabarowsk im Gold der Abendsonne. Das Wasser roch nach Petroleum.

Etwas stromabwärts lag festvertäut ein großes Schiff, das an die Mississippidampfer aus der Zeit Mark Twains erinnerte. Es war als Restaurant eingerichtet. Auf einer Bühne spielte eine Kapelle zum Tanz. Wahrscheinlich hatte das Schiff zur Zarenzeit den Amur als Luxusdampfer befahren. Nur wenn das Orchester eine Pause machte, konnten wir miteinander sprechen; die Verstärker waren auf volle Leistung eingestellt.

Als Ärztin in einem Spital von Chabarowsk verdiente Sonja 180 Rubel im Monat. Michail und Semjon verdienten 100, bzw. 96 Rubel. Michail bestritt die Angabe von Semjon und behauptete, daß dieser auch 100 Rubel verdiene. Semjon schwieg.

Unter keinen Umständen wurde mir erlaubt, die Zeche zu bezahlen. Sie betrug mehr als zehn Rubel: einige Bier, Gurken mit Brot und eine Flasche Sekt, der aus einer chemischen Fabrik kam. Als sie mich nach meinem Lohn fragten, machte ich auf die Schwierigkeiten bei der Umrechnung von Franken in Rubel aufmerksam und kam auf die Schriftstellerei zu sprechen:

«Vor unserer Reise habe ich Majakowsky, Pasternak und Solschenizyn gelesen.»

Michail blickte in den Tisch, die Wirkung des Alkohols war sichtbar:

«Solschenizyn kenne ich nicht!»

«Was für Schriftsteller halten Sie für bedeutend?»

«Brecht, Jewtuschenko, Ernst Busch, Eugen Schwarz.»

Er sprach die Namen in den Tisch, der Ton war aggressiv. Semjon sagte nichts, Sonja schwieg. Michail blickte auf und stellte mit überraschender Schärfe eine Frage. Inge übersetzte:

«Er will wissen, wieviel Du verdienst.»

Nachdem ihm Inge meine Umrechnung von Franken in Rubel übersetzt hatte, blickte er die beiden anderen an und sagte:

«Wir sind gleich.»

Das kugelrunde, klingelnde Stehaufmännchen aus rosarotem Plastik, der Tischsputnik aus vernickeltem Messing und eine schöne, rote Rose waren die letzten Konsequenzen einer Geschenkeskalation. Dem Gepäckträger folgend, trugen wir die Dinge durch einen dichten Nieselregen zu unserem Wagen. Pünktlich auf die Minute war der Zug in den Bahnhof von Chabarowsk eingefahren. Wir teilten das Abteil mit einem Lokomotivführer der transsibirischen Bahn und einem Ingenieur aus Kasachstan. Bis Moskau war es eine Woche.

Ich stellte das Rosamännchen auf den kleinen Klapptisch beim Fenster, den Sputnik versorgte ich im Koffer und die Rose preßte ich in meinem Tagebuch. Beim Anfahren wippte das Männchen und klingelte leise; der Zug bewegte sich westwärts.

Nach der Amurfahrt und der Zeche auf dem Vergnügungsschiff hatten wir Sonja, Michail und Semjon in unser Hotel eingeladen. Es ging gegen Mitternacht. Aus dem Restaurant des Hotels «Ferner Osten», wo wir uns zuerst an einen Tisch gesetzt hatten, wurden wir von den Kellnern in das leerstehende Frühstückszimmer verwiesen. Aller Protest half nichts. Im Restaurant spielte eine Kapelle mit westlicher Musik und aufgedrehten Lautsprechern zum Tanz. Die meisten Tische waren besetzt. Auf zurückgeschobenen Tellern und Schüsseln lagen Speisereste; in Flaschen mit eingeschliffenen Glasstöpseln und in kleinen, goldberandeten Kelchgläsern zitterte dünnflüssig und wasserklar der Wodka. Nur ganz frisch eingegossenes Bier trug einen Schaumkragen. Auf einer freigemachten Fläche beim Eingang drängten sich tanzende Paare. – Alle Kapellen, die wir in Rußland gehört hatten, spielten westliche Tanzmusik.

Ich ging auf unser Zimmer, um Strümpfe für Sonja, amerikanische Zigaretten für Semjon und Reserveminen zum Füllbleistift Marke «Caran d'Ache», den ich Michail geschenkt hatte, zu holen. Es war noch auf dem Tanzschiff gewesen, als Michail meinen Bleistift haben wollte. Er bot mir seinen Füllfederhalter dafür; Bleistift heißt auf russisch Karandasch.

Als ich mit den Geschenken zurückkam, öffnete Sonja sofort ihre Handtasche; sie konnte kein Gegengeschenk mehr finden.

Ihre Puderdose, ein Souvenir aus Riga, hatte sie Inge bereits für zwei Lippenstifte geschenkt. Sie und Semjon beteuerten, am anderen Morgen an den Bahnhof zu kommen. Als ich Michail die Ersatzminen gab, wollte ich ihm den im Bleistift eingebauten Anspitzer erklären. Er war ziemlich betrunken; ohne meine Erläuterungen beachtet zu haben, steckte er Bleistift und Minen in die Rocktasche, stand auf und sprach in scharfem Ton einige Worte. Dann drehte er sich um und ging ohne Gruß; wir sahen ihn nie wieder. Semjon und Sonja waren betreten und sagten, daß Michail sehr betrunken sei. Inge übersetzte mir seine Worte: «Du sollst nicht glauben, die Proletarier seien dumm» und «die amerikanischen Zigaretten sind schlecht.»

Sonja und Semjon hielten Wort: sie kamen nicht zum Bahnhof, aber vor unserer Abfahrt ins Hotel. Als Gegen- und Abschiedsgeschenke hatten sie auf einem der kleinen, runden Tische in der Bar zum Frühstück einen Teller mit warmem Siedfleisch und Gläser mit Tee, Kakao und Wodka bereitgestellt. In der Mitte standen der rosarote Kugelmann, der Tischsputnik und in einer Flasche die Rose aus ihrem Garten.

Der lächerliche Stehaufmann stand nun bereits zwei Tage auf dem Fenstertischchen; bei starken Erschütterungen klingelte er leise vor sich hin. Alle in unserem Wagen mitreisenden Kinder hatten ihn bereits gesehen. Wenn eines näher hinsah, stieß ich ihn mit dem Finger an, so daß er hinschlug und klingelnd wieder aufstand. Ohne zu lachen gingen sie weg und kamen nicht wieder. Der Lokomotivführer blickte jeweils von seinem Buch auf und schüttelte stumm den Kopf.

Als wir am dritten Tag nach dem Mittagessen vom Speisewagen zurückkamen, öffnete ich kurz entschlossen das Fenster und warf ihn hinaus. Ich hörte ihn laut aufklingeln; Inge meinte, das sei Einbildung gewesen. Der Zug ratterte durch die Urwälder Sibiriens, der Ingenieur schlief und der Lokomotivführer las an seinem dritten Buch. Inge gab ihm ein Buch, welches Essays von verschiedenen Autoren enthielt, und zwar auf der linken Seite jeweils russisch und auf der rechten englisch.

Die Bücher, die er dabei hatte, waren russische Klassiker; er kannte sie alle. Aber auch Balzac, Zola oder Shakespeare waren ihm geläufig.

Der Lokführer las bis Moskau, der Ingenieur schlief bis Omsk, wo er nach Alma-Ata umsteigen mußte. Manchmal spielten die beiden mit den Frauen, die im Abteil nebenan reisten, Karten. Der Ingenieur verlor meistens. Zum Abtragen seiner Spielschuld hatte er zum Beispiel unter dem Gelächter der Frauen auf einem Bein durch den Korridor zu hüpfen oder ein Lied vorzusingen; einmal mußte er sich mit hochgehaltenen Armen kitzeln lassen. Man konnte das Gekreisch im ganzen Wagen hören; der gutaussehende junge Mann war als Schläfer und Verlierer bald allen Passagieren bekannt.

Im historischen Museum von Chabarowsk lag auf dem Fußboden, durch ein Podest etwas erhöht, ein schwarzes, gußeisernes Relief, das den Zarenadler darstellte. Quer durch den Guß lief ein Riß, so daß der Kopf des Adlers vom Leib getrennt war. Im Zwischenraum der zackigen Bruchstelle steckte ein auf einem Gewehr aufgepflanztes Bajonett. Der Student, der uns führte, berührte mich am Arm und wies mit einem überlegenen Lächeln auf das Symbol der gebrochenen Tyrannis hin. Unmittelbar daneben war in einer Vitrine eine Aktentasche aus Kunststoff ausgestellt. Der um drei Seiten laufende Reißverschluß war geöffnet und die Mappe aufgeklappt, so daß man ihren Inhalt sehen konnte: mehrere Kugelschreiber, Notizblöcke und eine Garnitur von Dokumenten in rotem Plastik gebunden; auch Orden zum Anheften waren dabei. Die Mappe wurde den Helden der Arbeit auf die Reise nach Moskau mitgegeben. Auf dem Karl-Marx-Prospekt in Chabarowsk war unter den rauschenden Kronen uralter Bäume eine Wand aus Beton aufgestellt. Daran hingen, wie man es manchmal an Grabsteinen sehen kann, in Emaille eingebrannt, Photographien von Frauen und Männern: es waren die Helden der Arbeit der Stadt.

Der Lokomotivführer reiste nach Moskau zu Verwandten; der Ingenieur hatte Verwandte besucht und fuhr nach Alma-Ata zurück zur Arbeit. Beide Wege gerechnet verbrachten sie zwei Wochen ihres Urlaubes im Eisenbahnzug.

Immer wenn, aus der Tiefe der Wälder kommend, eine Straße die Bahn überquerte, ließ die Lokomotive ihr tiefes, brummendes, an eine Schiffssirene erinnerndes Signalhorn ertönen. Im Winkel zwischen Schiene und Straße stand meist ein Blockhaus wie aus Jack Londons Zeiten. Die Streckenwärterin vor dem Bahnübergang hielt müde eine rote Fahne in der Hand. Bewegungslos blickte sie nach dem vorbeirollenden Zug. Hinter ihr wartete ein Lastauto mit laufendem Motor; Chauffeur und Beifahrer dösten vor sich hin. Die Karosserie war bis auf das Kabinendach mit Erde bespritzt. Trübe glänzten die Lachen im Straßenschlamm. Die transsibirische Bahn ist die Lebensader für die Menschen in diesem riesigen, einsamen Land. Ab Krasnojarsk führt nur eine einzige Linie nach Osten. Viele Gegenzüge donnerten an uns vorbei, manchmal alle zwei bis drei Minuten, meist Güterzüge. In den Gebieten, wo die chinesische Grenze nicht fern war, teilten sich die beiden Spuren jeweilen, wenn die Bahn einen Fluß oder Strom überquerte: Zwei einzelne, einspurige Brücken, die mehrere hundert Meter auseinanderliegen, sind schwieriger zu bombardieren, als eine einzige, doppelspurige Brücke.

In Moskau und auch in den anderen Städten sahen wir selten Vögel. Auf den langen Eisenbahn- und Autofahrten sahen wir keine Kraniche ziehen; in der Taiga am Baikalsee vermißten wir die Vogelstimmen. Katzen, Hunde und Pferde begegneten uns kaum. Das Straßenbild wurde nirgends von Kindern und jungen Leuten belebt, trotz Sommer- und Ferienzeit.

In Irkutsk stieg eine nette junge Frau mit ihrem vierjährigen Töchterchen in unseren Wagen. Alle Betten waren besetzt. Die Mutter setzte das Kind auf ihren Koffer und wartete im Korridor; sie hatte ein ansprechendes, feingezeichnetes Gesicht, die netteste Frau, die ich in Rußland gesehen habe. Das Kind hielt seine Puppe fest umschlungen und blieb ruhig auf dem Koffer sitzen. Die Schaffnerin suchte einen Platz; sie bot dem Ingenieur aus Alma-Ata ein Bett im Dienstabteil an, das allerdings etwas enger war. Er fragte, warum sie ausgerechnet ihn für diesen Tausch ausgesucht habe. Weil er in Omsk ohnehin umsteigen müsse, die anderen Reisenden aber bis Moskau durchführen. Er schüttelte den Kopf und sagte, daß es bis Omsk noch zwei Tage seien. Die Schaffnerin appellierte an seine Menschlichkeit. Er lachte. Die Schaffnerin suchte weiter. Die Frau wartete; das Kind war auf den Koffer gestiegen und ließ seine Puppe aus dem Fenster schauen. In einem Abteil gegen die Wagenmitte hin saß ein Georgier, ein Grusinier, wie die

Russen sagen, mit dichtem, schwarzem Haar und einem Schnurrbart. Er war immer fröhlich. Als die Schaffnerin ihm das Problem erklärte, stellte er sein Bett sofort zur Verfügung und zog mit seinem Gepäck lachend in das Dienstabteil. Der Schaffnerin, die ihm dabei half, gab er einen Klaps auf den Hintern.

Weder auf der Hin- noch Rückreise war auf dem Bahnhof von Ulan-Ude ein Zug nach Peking zu sehen. Laut Fahrplan gab es einen Moskau–Peking-Expreß, der durch die Mongolei über Ulan-Bator nach der Chinesischen Volksrepublik fuhr. Die Schienen gingen noch weiter, bis nach Hanoi und Saigon; die Wüste Gobi konnte von der Technik überwunden werden...

Nach einigen Tagen gab es auf den Toiletten kein Papier mehr. Das Steckfach im Korridor war mit Propagandaliteratur in allen möglichen Sprachen vollgestopft: englisch, deutsch, französisch, russisch, japanisch und wahrscheinlich auch chinesisch. Von Zeit zu Zeit nahm der Grusinier eines der Büchlein, ließ die Seiten wie ein Kartenspiel durch die Finger gleiten, riß elegant und blitzschnell einige davon heraus und verschwand damit dort, wo Papiermangel herrschte. Interessanterweise wählte er immer die Schriften mit den japanischen oder chinesischen Zeichen, obwohl die anderen Sprachen sich für seine Zwecke physikalisch besser geeignet hätten, weil sie nicht auf steifes Glanzpapier gedruckt waren.

Gegen Ende der Fahrt nahmen die Vorräte im Speisewagen ab. Von all dem, was die Speisekarte, die in ebenso vielen Sprachen wie die Propagandaliteratur abgefaßt und so umfangreich wie ein dickes Schulheft war, anbot, gab es noch Kohlsuppe und Hackfleisch mit Kartoffeln. Das Bier war schon vor Tagen ausgegangen. Am letzten Tag war der Speisewagen geschlossen. Der Lokführer und der Student, der in Omsk zugestiegen war und das Bett des Ingenieurs übernommen hatte, machten uns darauf aufmerksam, als wir zum Frühstück gehen wollten. Die beiden hatten vorgesorgt; hauptsächlich mit einem Schnaps, dessen Flasche fünf Sterne zierten und den sie Cognac nannten. In Anbetracht des geschlossenen Speisewagens und des nahen Endziels unserer Reise wurde uns tüchtig eingeschenkt. Der Schnaps war reine Chemie. Inge wurden die kleinen Schlücke verziehen, aber ich wurde tüchtig verspottet. Der Lokführer erzählte von einer Reise nach China und beschrieb mit Daumen und Zeigefinger die winzigen Gläser, aus welchen er dort habe trinken müssen. Mit gespitzten Lippen machte er imaginäre Schlücklein und zeigte lachend auf mich. Dann trank er ein halbgefülltes Teeglas in einem Zug leer; der Student folgte ihm und ich nippte chinesisch. Als die Flasche nach einer halben Stunde leer war, machte der Lokführer einen Klimmzug in sein Bett und der Student legte sich unten hin. Beide schliefen sofort ein. Es war neun Uhr morgens, das letzte Frühstück in der transsibirischen Eisenbahn war vorbei.

Pünktlich auf die Minute, fünf vor zwölf, fuhr der Zug im Jaroslawbahnhof in Moskau ein. Während der ganzen Reise hatte der Lokomotivführer unsere Landkarten bewundert. Immer wieder sagte er, daß sie sehr schön seien. Bis Irkutsk kannte er die Strecke, die er als Maschinist regelmäßig befuhr, wie seine Hosentasche. Von Chabarowsk bis Irkutsk waren es immerhin 3300 Kilometer. Er zeigte uns Stellen, wo manchmal Bären auf den Schienen schliefen. Als wir im Morgengrauen an den Baikalsee kamen, war er wach und träumte aus dem Fenster. Er, der die Strecke kannte; die meisten Reisenden verschliefen diese vom frühen Tag beleuchtete Sicht aus den Urwäldern des Jablonowyi-Gebirges auf den gewaltigen See, dessen Wasser sich in einem fernen Dunstschleier verloren.

In Moskau wollten wir Jura, so hieß der Lokführer, die Landkarten schenken. Er wies das Geschenk mit aller Entschiedenheit zurück. Inge fragte warum. Er schüttelte den Kopf. Sie erklärte ihm, daß die Karten, die wir wieder kaufen können, für ihn nicht erhältlich seien. Lange blickte er auf den Atlas und die Asienkarte, gab sie aber schließlich wieder zurück. Wieder fragte Inge nach seinem Grund. Er sah mich an: ich hätte seinen Trunk abgelehnt, so wolle er auch von mir kein Geschenk. Inge erklärte ihm, daß ich wegen meiner Konstitution den Alkohol nicht ertrage. Er maß mich mit den Augen und schüttelte den Kopf.

Als ich ihm die Karten zum dritten Mal anbot, nahm er sie wortlos, schob sie in seinen Koffer, den einzigen, den er dabei hatte, stand auf und verließ das Abteil ohne Gruß. Fragend blickten wir den Studenten an. Der zuckte die Achseln.

Der Zylinder auf dem Grab

Das Gedächtnis gleicht manchmal einer Frau: Es kann sich dem eifrigsten Bemühen in einer aufreizenden Art entziehen, um sich in einem Augenblick, wo man es am wenigsten erwartet, berühren zu lassen. Jede Anstrengung ist sinnlos; scheinbare Gleichgültigkeit hilft nichts. Erst wenn man sich wirklich nicht mehr darum kümmert, öffnet es sich.

Von Chabarowsk bis Moskau hatte ich versucht, mich an einen Namen zu erinnern. Im Rhythmus der Eisenbahn, im Halbschlaf und hellwach – sieben Tage lang. Ich habe in die Wälder und Ebenen Sibiriens geschaut und so getan, als ob mir der Mann gleichgültig sei. Es half alles nichts. Den anderen Namen wußte ich: Juskewitsch. Beide waren Bekannte meines Freundes Mille, der mit ihnen und anderen Gelehrten an der vollständigen Edition der Werke Leonhard Eulers arbeitete. Noch etwas gestand mir das Gedächtnis zu: die beiden Russen wohnten in Moskau und waren Mitglieder der Sowjetischen Akademie der Wissenschaften. Mille hatte mir gesagt, ich müsse mich mit ihnen unbedingt in Verbindung setzen. Notizen hatte ich mir keine gemacht, ich verließ mich auf mein Gedächtnis. Einen Namen wußte ich; der andere fing mit G an, dessen war ich sicher – hieß er Gregorian?

Auf der ganzen Fahrt war ich unschlüssig, ob ich die Akademiker besuchen sollte. Ich erinnerte mich an meine letzten Sitzungen im Kreise von Akademikern verschiedener Universitäten, bei welchen mir jeweilen der kalte Schweiß auf die Stirn getreten war. Ob sich Leonhard Euler, als er von Basel nach Petersburg ging, Gedanken darüber gemacht hatte, welches die Folgen seiner emsigen, von einem mathematischen Genius gelenkten Feder sein würden. Seit Jahrzehnten ordnen und sammeln Russen und Schweizer alles, was sich von ihm finden läßt. Wahrscheinlich wissen sie über ihn mehr, als Euler über sich selbst gewußt hatte: Es gibt einen Euler und viele Eulerkenner. Warum sollte es ihm besser gehen als Goethe, Newton, Brecht oder Galilei und anderen Menschen mit eigenen Gedanken? Wieso sollen die Philologen und Historiker ihre «Rohstoffe» schonen, wenn die Technokraten Petroleum, Luft und Wasser in ein paar Dutzend Jahren verpuffen? Philologisch-historische Kleinarbeit ist ehrenwert und macht höchstens kurzsichtig. Ihre Abfallprodukte werden nicht durch Schornsteine und Kanalisationen in die Umwelt gepustet, sondern fein säuberlich in Bibliotheken deponiert.

In Moskau wußte ich den zweiten Namen immer noch nicht. Im Souvenirladen des Hotels, wir wohnten wieder im «Ukraine», kaufte ich eine Flasche Wodka. Auf dem Zimmer stellte ich sie neben das Telephon, holte die beiden Zahngläser aus dem Bad, goß ein und fragte Inge, ob ich dem Juskewitsch telephonieren solle. Inge hob ihr Glas und sagte:

«Ja.»

«Ich weiß weder Nummer noch Adresse.»

«Wenn er so berühmt ist, wie Mille erzählt hat, wird die Telephonistin helfen können.»

«Aha.»

Ich ließ einige Wissenschaftler durch das Gedächtnis wandern, französische, deutsche, englische, amerikanische, holländische, schweizerische, einen polnischen und drei sowjetische. Entweder hatten sie mich in Basel im physikalisch-chemischen Institut besucht oder da wissenschaftlich gearbeitet, oder ich hatte sie in Frankreich, Deutschland, England, Amerika, Holland oder in der Schweiz in ihren Instituten besucht oder dort gearbeitet – wissenschaftlich. Die Wissenschaftler der Welt sind eine große Familie.

Ich trank meinen Wodka aus, stellte das leere Glas zwischen Flasche und Telephon und sagte:

«Wir gehen auf den Friedhof.»

«Warum?»

«Weil der, wie du gesagt hast, interessant sein soll.»

«Du meinst den Nowo-Dewitschi-Friedhof, wo Gogol, Tschechow, Alexej Tolstoi, Majakowski und viele andere Große begraben sind?»

«Ja, diesen.»

«Dem Wissenschaftler willst du nicht telephonieren?»

«Nein.»

Inge lachte – wir gingen.

Der Friedhof lag im Südwesten des Nowo-Dewitschi-Klosters, das von einer Mauer mit mehreren turmbewehrten Toren umschlossen war. Nur eines der Tore war geöffnet; in der Wächterloge saß eine alte Frau. Wir traten ein. Die Gebäude des ehemaligen Klosters standen lose verteilt in einem parkartigen Garten, welcher kreuz und quer von Fußwegen durchzogen wurde. In der Mitte erhoben sich die goldenen Kuppeln der Kirche über die rauschenden Kronen der hohen Bäume, in deren Schatten Ruhebänke zum Verweilen luden. An der Kirchentür hing ein Schild: «Museum». Der Eintritt kostete zwanzig Kopeken. Es waren Ikonen und Dokumente von der Besetzung Moskaus durch Napoleon ausgestellt. Als wir durch den Garten zum Tor zurückgingen, kam uns ein junger Mann entgegen, blieb stehen und fragte, ob wir Deutsch sprächen. Er senkte seine Stimme und begann echte, alte Ikonen anzupreisen, die er beschaffen könne. Als ich den Kopf schüttelte, ging er sofort weiter und verschwand im Labyrinth der pflanzenumschlungenen Pfade.

Als wir das Kloster durch das hohe, doppelte Tor verließen, schickte uns die Alte einen mißtrauischen, ja bösen Blick nach. Der Mauer in südlicher Richtung folgend, kamen wir zu einer eisernen, dunkelgrün gestrichenen Tür. Sie war verschlossen, dahinter sollte der Friedhof sein. Auf der Straße gingen kaum Leute, auch Autos gab es nicht viele. Über dem Asphalt flimmerte die Sommerhitze der großen Stadt. Der Ort wirkte verlassen. Wir gingen weiter, die nächste Tür stand offen. Sie führte von der Hitze der Straße in den Schatten mächtiger Bäume, die mit ihrem Blätterdach die Gräber schirmten. Wie die Pfeiler einer gotischen Kathedrale strebten die Stämme zum grünen Gewölbe. Die Öffnungen zwischen den Ästen ließen – Fenstern gleich – helle Balken aus Sonnenschein durch das Dämmer des hohen, offenen Raumes strömen. Die Toten ruhten in der Heimat des Lebens, im Wald.

Die materialistischen Weltbilder beschreiben den Geist als ein Produkt von Mechanismen, die nach bestimmten, teilweise noch unbekannten, aber demnächst erforschbaren physikalisch-chemischen Gesetzen aufgebaut sind. Die geistproduzierende Materie nennt man Leben, die einzelnen Mechanismen Lebewesen. Unter diesen ist der Mensch ein besonders hoch entwickelter Mechanismus, der sich von einem Affen in ähnlicher Weise unterscheidet wie etwa ein Atomkraftwerk von einer

Windmühle. Nach den gleichen Prinzipien wie seine Leber die Galle, produziert sein Gehirn den Geist. Eine gesunde Leber produziert gute Galle und ein gesundes Gehirn guten Geist. Und was die Sache von den letzten Dingen anbelangt, so ist die Psychologie dafür da; sie ist die Wissenschaft von der Seele, die es nicht gibt.

Der Marxismus-Leninismus ist, was seine naturwissenschaftlichen Bezugspunkte betrifft, von einer bestechenden Einfachheit. Er ermöglicht seinen Ideologen, die Naturwissenschaften anzuwenden, ohne eine Ahnung davon zu haben. Die dialektischen Materialisten haben gegenüber den kapitalistischen den Vorteil, daß sie keine Pfarrer an ihre Gräber bemühen müssen. Im DIAMAT ist Gott von den Menschen gemacht, so daß entsprechend über ihn verfügt werden kann. Der KAPIMAT ist vorsichtiger, läßt Gott die Menschen machen und zahlt – für alle Fälle – Kirchensteuer.

Manche Gräber waren sehr alt, viel älter als die Oktoberrevolution. Da und dort konnte man eine Zahl aus der zweiten Hälfte des vergangenen Jahrhunderts als Todesjahr auf den Steinen lesen. Manches russische und lateinische Kreuz stand im Schatten des Blätterdaches; meist gehörten sie zu den alten Gräbern. Aber es gab auch welche mit Jahrzahlen nach dem Ersten Weltkrieg, sogar solche von 1940 und später sahen wir. Man hatte den Eindruck, daß die Handwerker nicht mehr gewohnt waren, Kreuze zu machen. Kürzlich wurde in der Schweiz der Redakteur eines Sensationsblattes von einem Obergericht verurteilt, weil er ein gekreuzigtes Schwein auf der Titelseite abbilden ließ. Das antike Hinrichtungswerkzeug ist heiliges Symbol der Christenheit geworden. Hätte ihn das Gericht auch verurteilt, wenn er Christus auf einem elektrischen Stuhl sitzend oder an eine Wand gestellt abgebildet hätte? Wenn Christus wiederkäme, würde er von manchen, die unter dem Zeichen des Kreuzes sprechen, auf diese Weise hingerichtet werden. Human also. Mit Pulver, Blei und Elektrizität haben wir die Grausamkeit der Antike überwunden.

Wir fanden ein Grab, das mit einem Turm aus Artilleriegeschoßen geschmückt war. Alle Kaliber zwischen sieben und fünfzehn Zentimeter waren vertreten; einige mit eingeschraubtem Zünder. Wir verließen uns darauf, daß die Granaten trotzdem entschärft waren. Oder hoffte der Artillerieoberst in seinem Grab, daß ihm ein Zufall Gesellschaft verschaffen würde? Wir gingen rasch weiter. Offenbar befanden wir uns in einem Teil des Friedhofes, der für die Rote Armee reserviert war. Da schaute aus einem Grabstein über einer ordenbehangenen Brust und unter einer Schildmütze ein harter Mann über die Gräber. In der rechten Hand hielt er einen Feldstecher, Krimstecher haben die Gläser früher geheißen. Sie sind im Krimkrieg, der von einem Zaren verloren wurde, aufgekommen. Auf einem Betonsockel, in welchem eine bronzene Grabplatte eingelassen war, stand im Maßstab 1 : 5 das getreu nachgebildete Modell eines Panzers. Drohend richtete sich das Geschützrohr auf einen General, der in Lebensgröße und voller Uniform in weißen Marmor gemeißelt auf seinem Grab stand. An einer anderen Stelle in diesem Revier, zwischen Blumen und Efeu, lagen auf der Erde in Bronze gegossen Brille, Haube und Handschuhe eines Fliegers. Auf dem Grab eines anderen Piloten stand kühlrippenstrotzend der Zylinder eines Sternmotors. Vielleicht war es für ihn der entscheidende Zylinder gewesen; jedenfalls waren die Federn des Auspuffventils gebrochen.

Wir suchten das Grab von Tschechow; Inge fand es. Der Stein hatte die Form eines gotischen Fensters. Ich war daran vorbeigegangen, weil mich der Spitzbogen nicht an einen Dichter, sondern, nach all den eben besichtigten Denkmälern, an einen General mit einer Riesengranate erinnerte. Neben Tschechow lag seine Frau, die damals berühmte Schauspielerin Olga Knipper. Inge bemerkte, daß sie ihren Gemahl nicht besonders glücklich gemacht habe. Neben Tschechows Grab stand eine Urnenwand mit Nischen, die zum Teil durch kleine Glastüren verschlossen waren, welche mit einem Fensterriegel geöffnet werden konnten. Auf manchen Gräbern sahen wir den Davidstern; auf anderen leuchtete rot, mit einer Zacke weniger, das Pentagramm der Revolution. Da und dort stand auf einem Grab eine winzige Bank, nicht viel größer als ein Kindermöbel. Auch bei den Generälen. Sie luden die Lebenden ein, neben ihren Toten zu verweilen und mit ihnen eine Spanne Ewigkeit zu teilen.

Auf der Seite, wo der Friedhof an das Nowo-Dewitschi-Kloster grenzte, ragten aus der hohen Mauer die Konturen eines in Stein gehauenen Reliefs. Das Bild aus Licht und Schatten stellte ein achtmotoriges Flugzeug dar: es war das Denkmal für die «Maxim Gorki», das einstmals größte Flugzeug der Welt. Im Frühjahr 1935 stürzte die Maschine mit elf Mann Besatzung und fünfunddreißig Passagieren an Bord über Moskau ab, weil sie beim Landeanflug von einem Jagdflugzeug gerammt worden war. Antoine de Saint-Exupéry, den man am Tag zuvor als einzigen Ausländer zu einem Flug eingeladen hatte, hat die Katastrophe beschrieben. Vor dem Denkmal stehen die Grabsteine der Verunglückten. Die Passagiere waren Arbeiter gewesen, welchen man den Flug als Belohnung für außerordentliche Leistungen offeriert hatte. Dem Relief gegenüber stand unter einer schmiedeeisernen Gartenlaube, die mit einer verbogenen, blechernen Kuppel gedeckt war, ein großes, lateinisches Steinkreuz. Unter dem Dach wuchs Gras, das Eisen rostete.

Plötzlich verschwanden die im Schatten der Bäume hell leuchtenden Flecken von Sonnenlicht: am Himmel standen schwere Gewitterwolken. Es war keine Zeit zu verlieren; die nächstgelegene Möglichkeit, vor dem Regen Schutz zu finden, war der Turm des Klostertores. Fliehend sahen wir, wie der steinerne Gogol unter einem blitzgeladenen Himmel auf sein Grab blickte. Auch der Stalina, der Allelujewa, begegneten wir noch; der Kunde nach soll sie bildschön gewesen und an Gift gestorben sein, das für Stalin bestimmt war.

Wenige Sekunden nachdem wir das Klostertor erreicht hatten, brach wie ein Wasserfall das Gewitter los. Wer in der Nähe war, flüchtete sich in das Gewölbe. Wir standen noch nicht lange, als die alte Wächterin mit einer Trillerpfeife im Mund kam und wild pfeifend das innere Tor schloß. Die Leute versuchten durch die Ritzen zu schauen. Der Donner und das Prasseln des Regens vermischte sich mit dem aufgeregten Pfeifen der Alten. Sie hörte nicht auf. Bald war ein Gerücht durch die Ritzen der alten Eichendielen gedrungen: Man hatte im Kloster einen Dieb gefangen. Wir dachten an den jungen Mann, der uns vor zwei Stunden Ikonen angeboten hatte.

Die Pfeife verstummte nicht. Nach einer halben Stunde kam die Polizei. Der Dieb wurde abgeführt. Es war nicht unser Ikonenhändler.

Das Darwin-Museum

Wie ein steinernes Herz liegt das Mauerdreieck des Moskauer Kremls im Zentrum der Stadt. Eine seiner Adern ist der Kalinin-Prospekt, der breit und in gerader Linie nach Westen weist. Vom Dreifaltigkeitstor führt die Straße durch das mit Revolutionsgeschichte getränkte Viertel um den Arbat-Platz und dann, zwischen himmelstürmenden Glasfassaden, hinunter zur Moskwa, wo eine Brücke mit elegantem Schwung in die Länder der untergehenden Sonne führt.

An diesem Weg liegt eine der größten Büchereien der Welt: die Leninbibliothek. Das Haus steht im Schatten der Westmauer der Zarenburg, in jenem Viertel, das vor der Revolution als Hochburg des fortschrittlichen Adels und aufgeklärten Bürgertums galt. Jene Klasse, die im Mechanismus der proletarischen Revolution einen Teil darstellt, der notwendig aber gefährlich und daher nach Gebrauch zu vernichten ist. Das Pflaster des Arbat-Platzes war für manchen der Anfang eines Weges, der nie wieder zurückführte.

Die Polizei hat die Uniform und die Zaren haben die Farbe gewechselt.

Die Regale der Leninbibliothek sind zweihundertfünfzig Kilometer lang und tragen zehn Millionen Bücher. Ob die verbotenen Titel mitgezählt sind, weiß ich nicht. Wahrscheinlich sind sie wie im Vatikan für diejenigen Leser aufgestellt, denen es kraft ihrer Linientreue erlaubt ist, verbotene Bücher zu lesen. Also für diejenigen, die sagen, welche Bücher verboten werden müssen. Moskauer Rot und römisches Schwarz schließen die Worte weg, die den Gläubigen schaden könnten. Zweitausendfünfhundert Angestellte hegen und pflegen das aufgeschriebene Wissen der Weltrevolution. Einige von den Büchern habe ich gelesen; sie sind so klar und sauber geschrieben, daß das Papier zwischen den Zeilen ganz weiß ist.

Aus einem Fries der Leninbibliothek blicken die in Stein gehauenen Gesichter von Männern, denen die Ideologen Verdienste um den dialektischen Materialismus zuschreiben: die Begründer der modernen Naturwissenschaften. Die Abgebildeten hatten nichts von der Ehre gewußt, weil sie, zum Teil Jahrhunderte, vor der Oktoberrevolution gestorben sind. Um das Erkennen der gemeißelten Gesichter zu erleichtern, sind ihre Namen angeschrieben: Galilei, Newton, der Frauenburger Domherr Kopernikus, der Protestant Kepler, die Russen Lomonossow und Mendelejew, dann Charles Darwin, für die dialektischen Materialisten die Schlüsselfigur der Biologie.

Die dialektischen Materialisten unterscheiden sich von den kapitalistischen dadurch auf sympathische Weise, daß sie unverblümt zu ihrem Materialismus stehen. Die Kapitalisten verbergen ihre Gottlosigkeit hinter einer Kirchenpolitik, die sie Religion nennen und die sie der Jugend mit modernen Verkaufsmethoden schmackhaft zu machen versuchen. Wenn dem Schmuck des Frieses wissenschaftsgeschichtliche Bedeutung zukommen sollte, so hätten auch Lamarck und Lamettrie aus den Steinen der Leninbibliothek blicken müssen. Auf jeden Fall der spitzbübisch-fröhliche Lamettrie, der als konsequenter Nachfolger Descartes schon in der ersten Hälfte des 18. Jahrhunderts seinen «L'Homme Machine» geschrieben und dafür im katholischen Frankreich und frommen Holland verfolgt wurde. Vielleicht waren die beiden da und ich hatte sie nicht beachtet.

Darwins Werk mit dem Titel «Über den Ursprung der Arten durch natürliche Zuchtwahl» erschien 1859. Karl Marx wurde von diesem Buch in der Art und Weise beeindruckt, wie ein Goldsucher von einem faustgroßen Nugget, der offen auf seinem Weg liegt, beeindruckt wird. Darwins Hypothese, mehr ist auch der Neo-Darwinismus nicht, paßte wie ein dringend gesuchter Schlüssel zu einigen Kapiteln seiner Theorie des Klassenkampfes. Vollends wissenschaftlich bestätigt sah er sich durch Darwins «Abstammung des Menschen»; ein Werk, das

Oben: Das einzig Fröhliche an dieser Straße waren die aus Klassizismus und Jugendstil schmunzelnden Fenster.

Der Zylinder auf dem Grab

ГОСУДАРСТВЕННЫЙ
ДАРВИНОВСКИЙ МУЗЕЙ
ПРОВОДИТ
ЭКСКУРСИИ:
ЭВОЛЮЦИЯ ОРГАНИЧЕСКОГО МИРА И ЕЕ ПРИЧИНЫ
(ОБЗОРНАЯ ЭКСКУРСИЯ)
2. УЧЕНИЕ Ч. ДАРВИНА ОБ ИСКУССТВЕННОМ И ЕСТЕСТВЕННОМ ОТБОРЕ
3. НАСЛЕДСТВЕННОСТЬ И ИЗМЕНЧИВОСТЬ
4. ВИДЫ И ВИДООБРАЗОВАНИЕ
5. МНОГООБРАЗИЕ И ЕДИНСТВО
6. ПРОИСХОЖДЕНИЕ ЧЕЛОВЕКА
В МУЗЕЕ МОЖНО УВИДЕТЬ
ВЫМЕРШИХ ЖИВОТНЫХ, СКУЛЬПТУРНЫЕ РЕКОНСТРУКЦИИ ПРЕДКОВ ЧЕЛОВЕКА, КОЛЛЕКЦИИ РАЙСКИХ ПТИЦ, КОЛИБРИ, ОБЕЗЬЯН, НАСЕКОМЫХ И МНОГИХ ПРЕДСТАВИТЕЛЕЙ ТРОПИЧЕСКИХ ЗВЕРЕЙ И ПТИЦ
Музей открыт ежедневно с 10 до 17 часов,
в воскресенье – с 12 до 17 часов
вход свободный
ЗАПИСЬ НА ЭКСКУРСИИ ПРОИЗВОДИТСЯ ПО ТЕЛ. 246-64-70

1871 herauskam und noch im gleichen, dem Bismarckschen Siegesjahr ins Deutsche übersetzt wurde. Der englische Titel lautet: «The Descent of Man», was sowohl mit Abstammung als auch Abstieg des Menschen übersetzt werden kann.

In unserem rot eingebundenen, in Deutschland erschienenen Reiseführer gab es ein Verzeichnis der vielen Moskauer Museen. Eines war mit «Darwin-Museum» bezeichnet. Ich stellte mir vor, daß die Sowjets dem Begründer ihres statistisch-mechanischen Menschenbildes hier ein Denkmal gesetzt haben. Das Leben und die wissenschaftliche Tätigkeit des viktorianischen Zoologen und Naturphilosophen enthalten Aspekte, die ausstellungstechnisch gut verwendbar und für die Glaskästen eines Museums wohl geeignet sind. Im Leninmuseum hatten wir gesehen, daß es hierzulande Leute gibt, die es meisterhaft verstehen, Biographie und Lebenswerk zum Zwecke einer Ideologie als Schaukastenfolge darzustellen. Vitrinen sind ideologisch besonders geeignete Gegenstände, weil die Riegel auf der Rückseite der Kästen es jederzeit ermöglichen, entsprechend der jeweils herrschenden Politik, Dinge hinzuzustellen oder wegzunehmen. Gegenwärtig ist Lenins Leben so gestaltet, daß es scheint, als hätte er sich mit Leuten wie Leo Trotzki oder Joseph Stalin nie abgegeben. Dies nicht etwa in der Meinung, an den geschichtlichen Wahrheiten etwas zu korrigieren, sondern in dialektisch-materialistischer Bemühung, den Museumsbesuchern eine Vorstellung des sozialistischen Endzustands zu vermitteln.

Vor dem Darwin Museum in Moskau: «Das staatliche Darwin-Museum führt Exkursionen durch: 1. Die Evolution der organischen Welt und ihre Ursache. 2. Die Lehre Ch. Darwins über künstliche und natürliche Auslese. 3. Vererbung und Veränderlichkeit. 4. Gattungen und Artenbildung. 5. Mannigfaltigkeit und Einheitlichkeit der tierischen Welt. 6. Entstehung des Menschen. Im Museum kann man sehen: ausgestorbene Tiere, Skulpturen und Reproduktionen von Vorfahren der Menschen, Kollektionen von Paradiesvögeln, Kolibris, Affen, Insekten und vieler Repräsentanten tropischer Tiere und Vögel.»

Natürlich erwarteten wir eine den Rängen entsprechende Abstufung zwischen dem Lenin- und Darwinmuseum. Nach der Adresse mußte es das Haus Nummer 1 in der Malaja Pirogowskaja-Straße sein. Wir fanden Straße, Nummer und Haus, aber die Tür war verschlossen. Eine Anschrift oder einen Hinweis konnten wir nicht finden. Weder Haus noch Eingang erinnerten an ein Museum. Das Gebäude mochte vor der Revolution ein Mietshaus mit geräumigen Wohnungen für den gehobenen Bürgerstand gewesen sein. Hinter der schweren Eichentür mit ihrem verwitterten Lackanstrich hätte gut die Verglasung einer Portiersloge sein können. Einige Häuser weiter stieß ein mit Sträuchern und Bäumen bestandener Garten an die Straße, dessen Tor weit offen stand und der sich hinter den Häusern zu einem jener verwilderten Parks weitete, die Moskau zu einer wunderbar grünen Stadt machen. Auch in der Straße selbst spendete eine Baumallee Schatten.

Im Haus neben Nummer 1 gab es zu ebener Erde eine Kantine, die Tür stand offen. Eine korpulente Fünfzigerin machte die Tische rein, die letzten Gäste verließen den Raum. Junge Leute, wahrscheinlich Studenten. Inge fragte einen von ihnen nach dem Darwin-Museum. Der junge Mann gab die Frage an seine Kollegen weiter, die sich fragend anblickten; niemand wußte es. Inge fragte die Reinmachefrau. Sie dachte nach, trat aus der Tür und wies nach dem Gartentor, wo die jungen Leute, die wir gefragt hatten, soeben hinter dem dichten Laub der Sträucher verschwanden. Wir dankten der Frau, die mit ehrlicher Freundlichkeit lachte. Eine der Thesen, die Lenin während der Oktoberrevolution anschlagen ließ, lautete: «Schulung des Volkes, Kampf dem Analphabetentum. – Jede Köchin soll regieren können!»

In diesem Viertel gab es verschiedene Universitätsinstitute. Wußten die Studenten nicht, daß ganz in der Nähe das Darwin-Museum war? Waren es überhaupt Studenten? Was studierten sie? Sowjetische Studenten haben dialektischen Materialismus und Marxismus-Leninismus als Pflichtfächer zu hören. Darin mußte der Name Darwin als Begriff aufgetreten sein.

In dem zu einer Art von Hinterhofpark sich erweiternden Garten führten Wege zu den Eingängen verschiedener, großer Gebäude, die meistens älter, aber da und dort durch Bauten neueren Datums erweitert worden waren. An verschiedenen Stellen konnte man Baugerüste sehen. Auf einem Vorplatz standen Studenten und Studentinnen, die intensiv über den Inhalt von Heften diskutierten, die sie in Händen hielten. Es erweckte den Eindruck, als ob die Hefte Zeugnisse und der Anlaß der lebhaften Diskussion die Noten waren. Ein Schild neben dem Eingang trug die Anschrift «Historisches Institut». Inge fragte nach dem Darwin-Museum, das nach den Angaben der Kantinenfrau irgendwo hinter den prächtigen Bäumen stehen mußte. Der angesprochene Student gab die Frage weiter, die, nachdem sie bei einigen Kollegen die Runde gemacht hatte, unbeantwortet zurückkam.

Als ich vor einigen Jahren Präsident der Basler Chemischen Gesellschaft war, erzählte mir ein Professor aus Deutschland, den ich als Referent zu einem Vortrag eingeladen hatte, daß er auf der Suche nach mir vor der Universitätsbibliothek eine Gruppe Studenten gefragt habe, wo das chemische Institut sei: niemand habe ihm Auskunft geben können. – Die Wissenschaft lebt heute im Wohlstand und hat viele Häuser. – Der Taxichauffeur, der die Frage gehört hatte, wußte es und brachte ihn an Ort und Stelle. Der Professor, dessen Zug mit Verspätung angekommen war, wollte, um Zeit zu gewinnen, Sachverständige fragen. Die Fortschritte der Wissenschaft sind so groß, daß bereits die Studenten Spezialisten sein müssen.

Wir kamen zu einem anderen Institut. Auch hier war eine angeregte Diskussion über die Hefte im Gange. Inge fragte ein Mädchen. Es wies mit seinem Zeugnis, das, wenn es ihrer Laune entsprach, gut sein mußte, in eine Richtung, wo Bäume standen. Wir wählten den entsprechenden Pfad und standen nach zweihundert Schritten im Hinterhof eines Gebäudes, an dessen Fassade ein Baugerüst errichtet war. Auf der Erde lagen Bretter, Werkzeug und Bauschutt. In einer Ecke neben der Tür lehnten die stählernen Gasflaschen einer autogenen Schweißanlage, deren Druckschläuche aus einem Fenster des ersten Stockwerkes hingen. In einem Sandhaufen stak verlassen eine Schaufel.

Etwas ratlos schauten wir uns um. Just im Augenblick, als wir uns anschickten, weiterzugehen, rief uns jemand an. Die Stimme kam von oben; wir sahen am Fenster mit den Schweißschläuchen eine Frau in einer grauen Arbeitsschürze, die uns freundlich zuwinkte. Inge fragte nach dem Darwin-Museum. Das sei hier, war die Antwort. Die Frau verschwand im dunkeln Innern des Hauses. Nach wenigen Augenblicken öffnete sie die Tür und forderte uns auf, einzutreten.

Inge fragte sie, ob das Museum zur Zeit geöffnet sei. Sie bejahte und versicherte, daß sogleich jemand kommen werde, um uns zu führen. Über eine schmale, ausgetretene Steintreppe gelangten wir in das erste Stockwerk. In einem fensterlosen Korridor öffnete die Frau, die wohl Abwart des Hauses war, eine Flügeltür und ließ uns in einen Raum von der Größe und Höhe treten, wie sie in guten Bürgerhäusern für festliche Anlässe gebaut worden waren. Den Wänden entlang standen große Glasschränke, vollgepfropft mit Insektensammlungen, allerlei zoologischen Modellen, Büchern und ausgestopften Pelztieren und Vögeln. Das Licht der hohen Fenster wurde von einer lebensgroßen Nachbildung eines Mammuts und von Skeletten und Skelettfragmenten anderer großer Tiere verdunkelt. Die Wand zwischen Tür und Fensterfront war mit einer Galerie von ausgestopften Affen sowie in Marmor gemeißelten Neandertalermenschen belegt; alles dicht gedrängt.

Die Frau bat uns zu warten und kam nach wenigen Minuten in Begleitung eines jungen Mädchens zurück, das sich als Studentin der Zoologie vorstellte. Es war klein und dicklich, trug einen schmuddeligen, weißen Labormantel und hielt in der rechten Hand einen Dirigentenstock. Nach einer freundlichen Begrüßung begann die Studentin unter Einsatz ihres Stöckleins mit den Erklärungen. Auf russisch, eine andere Sprache beherrschte sie nicht; nicht einmal die Fachausdrücke. Inge übersetzte, die Abwartsfrau blieb bei uns und nickte freundlich lächelnd zu den Erläuterungen der Studentin. Diese nahm sich Zeit; wahrscheinlich waren wir seit langem die ersten Besucher des Darwin-Museums. An manchen Stellen sprach der Staub für diese Vermutung. Der Raum wurde nicht viel heller, als die freundliche Frau zwei elektrische Glühbirnen einschaltete, die an langen Drähten von der hohen Decke hingen.

Mit seinem Dirigentenstöcklein wies das Mädchen auf das Paradepferd der Abstammungslehre: die Entwicklung des Pferdes. Hell leuchteten die weißen Skelettmodelle im düstern

Raum. Vom hundegroßen Eohippus über den Oro-, Meso- und Miohippus wuchsen die knöchernen Gerippe zum Hipparion an, bis die aufstrebende Zwangsläufigkeit das heute lebende Pferd erreicht hatte. Die Stockspitze verfolgte die Füße – aus einer fünfzehigen Pfote wurde der einzehige Huf des Pferdes. Das huschende Waldtier des Eozäns entwickelte sich zum flüchtigen Steppenbewohner. So will und behauptet es die Theorie vom Werden der Arten. Zwischen den Hüpfern, die das Stöcklein der Studentin von Skelett zu Skelett machte, bis es schließlich bei den Knochen des heutigen Pferdes angelangt war, lagen Dutzende von Jahrmillionen. Sie drehte sich um, faßte den Dirigentenstab mit beiden Händen und lächelte uns erwartungsvoll an. Wir nickten. Mit einer leichten Verbeugung wies sie auf die anwachsende Skelettreihe und zuckte die Achseln: So einfach und selbstverständlich war die Sache.

Jetzt hob die kleine Person das Stöcklein aufs neue und zeigte nach einer Tafel, die neben den Neandertalern an der Wand hing. Mit kurzen, entschlossenen Schritten ging sie darauf zu, warf einen Blick zurück und wartete, bis wir neben ihr standen. Es handelte sich um eine graphische Darstellung über die Entstehung der Arten. Von unten her strebten verschiedene Linien durch die geologischen Zeitalter. Nach oben hin verzweigten sie sich fächerartig und endeten, nachdem sie die urzeitlichen Wesen hinter sich gelassen, bei bekannten Tieren und an einer Stelle beim Menschen. Wieder durcheilte das Stöcklein, den Kurven folgend, Jahrmillionen; sogar Hunderte von Jahrmillionen. Wäre eine der Linien nur um einen Bruchteil von einem Millimeter unterbrochen gewesen, so hätten viele Jahrtausende gefehlt. Aber es fehlte nichts; die Fundamente des dialektischen Materialismus dürfen keine Lunker haben.

Im Verlaufe der letzten hundert Jahre hat die Wissenschaft Raum und Zeit der Welt gewaltig erweitert. Das Alter der Erde ist von ein paar Jahrtausenden über Millionen zu einigen Milliarden Jahren angewachsen. In Wirklichkeit gibt es die Linien nicht, welchen das eifrig erklärende Stöcklein der Zoologiestudentin folgte. Sie bestehen lediglich in der Phantasie, mit welcher die Wissenschaftler ein paar zufällig gefundene Knochenreste miteinander in Beziehung bringen. Zwischen den Knochen liegen Jahrmillionen. Die Geschichte der Menschheit müßte viele tausend Mal gelebt werden, um nur einige Zentimeter dieser Linien zu durchlaufen, in welchen Marx und Lenin und ihre Ideologen die Theorie ihres Klassenkampfes als eine wissenschaftliche Konsequenz der natürlichen Zuchtwahl bestätigt sehen.

Die Abwartsfrau war hinausgegangen und kam mit einem Staubwischlappen zurück. Sie sah in ihrer grauen Arbeitsschürze gepflegter aus als das Dickerchen mit seinem Labormantel und Dirigentenstock. Sie sagte, daß der Museumsdirektor uns zu sprechen wünsche. Es war eine gute Stunde verstrichen, die Sonne stand tiefer; schon lagen die Abendschatten in den Straßen der Stadt. Der Raum mit der ausgestellten Urzeit war noch düsterer geworden. Die Studentin forderte uns auf, ihr zu folgen. Die Abwartsfrau begann den Sockel eines Neandertalers abzustauben.

Der Direktor war eine gepflegte Dame mit einem ruhigen, feingeschnittenen Gesicht. Unter leicht ergrautem Haar blickten dunkle, leise lächelnde Augen. Sie trug ein hübsches Kleid, dessen Farbe ihrer Person entgegenkam. Ihr akademischer Titel war Professor für Paläontologie. Auch hier mußte Inge dolmetschen. Die Direktorin wies auf einige Bücherrücken ihrer Bibliothek und bedauerte, daß sie englisch, französisch und deutsch bloß lesen könne. Die Studentin, deren Doktormutter sie war, blieb unter der Tür stehen und lächelte unserem Gespräch zu. Das Stöcklein hatte sie im Ausstellungsraum gelassen. Über dem Schreibtisch hing eine große Photographie von Ernst Haeckel mit einer persönlichen Widmung an den damaligen Institutsdirektor. Sie trug das Datum 1904.

Alle Abstammungs- und Evolutionslehren sind Hypothesen, schöne Hypothesen, mehr nicht. Die Gebäude, die aus ein paar Knochenresten und aus der Vorstellungskraft genialer Wissenschaftler gemacht wurden, sind von einer bestechenden intellektuellen Brillanz. Beweise, wie sie der Physiker und Chemiker im Laboratorium fordert, können in der abgründigen Tiefe der Jahrmillionen nicht erbracht werden. Die Fragmente sind zerstreuter als die Reste von Kulturen, die erst vor ein paar tausend Jahren versunken sind. Der menschlichen Phantasie, die keine Grenzen kennt und die sich Dinge denken kann die es in keiner Wirklichkeit gibt, steht in Abständen von Jahrhunderttausenden ein zerbrochener Knochen als Wegweiser zur Verfügung. Vor zwei Jahren haben die Geochemiker festgestellt, daß ihre Blei-Uran-Uhr um einige Hundertmillionen Jahre zu schnell gelaufen ist. Diese Zeit fehlt jetzt in der Erdgeschichte. Die Abstammungslehre wurde dadurch in eine peinliche Verlegenheit gebracht. Zur Entwicklung der Arten ist die Wissenschaft auf diese Jahre angewiesen, da sie durch ihre neuesten Theorien ohnehin in Zeitnot geraten ist.

Durch die Abstammungslehre ist niemand ums Leben gekommen; aber wegen ihrer Fortsetzung, wegen des von den Ideologen erfundenen Klassenkampfes. Ideologen können wie nette Menschen aussehen; sie sind so nett wie nette Menschen. Manche tragen feine Goldrandbrillen. Die Richtigkeit ihrer Theorie beweisen sie mit dem Tod von Menschen. Anspruchsvolle Ideologen brauchen viele Tote. Stalin brauchte mehr als zehn Millionen. Hitler verbrannte für seinen Rassenkampf sechs Millionen Juden. Die Zaren brauchten weniger; sie waren keine Ideologen. Lenin schrieb: «Die Qualitäten entstehen aus den Quantitäten».

Die Direktorin versicherte uns, daß das Darwin-Museum bald neu eingerichtet wird. Ihr Büro war so düster wie der Ausstellungsraum, weil ein Teil des Fensters durch einen Bücherschrank verdeckt wurde. Dadurch und wegen der fortgeschrittenen Abendstunde kam der grüne Glasschirm ihrer Schreibtischlampe, die schon zu Haeckels Zeiten geleuchtet haben mag, schön zur Geltung.

Soweit der Himmel reicht, war das Land mit Gärten und Feldern bedeckt; wie ein Festsaal, auf dessen Boden kostbare Teppiche der verschiedensten Formen und Größen liegen. Die Obstbäume trugen Früchte und Reben rankten in ein Sonnenlicht, das von wogenden Kornfeldern vergoldet wurde. Sonnenblumen hielten dunkeläugig ihre Flammenkränze hoch über die Feuerpunkte des Mohns, der eigensinnig im Grün der Wiesen stand. Daraus erhoben sich die Dächer der Häuser; verschieden groß, wie die Gärten und Felder. Darin wohnten die Menschen, auch sie waren verschieden.

Eines Tages kam ein Mann, der Ideen zur Verbesserung der Welt hatte; er hieß Ideologos. Er hatte ein intellektuelles Gesicht, die Augen mit einer Goldrandbrille eingerahmt. Der Kopf war kahl, nur von einem Haarkranz umgeben. Der Mann war ein netter Mensch. Zur Steigerung von Produktion und Gerechtigkeit ließ er die Felder und Gärten zu einer einzigen Ebene und die Häuser zu einem einzigen Haus aus Beton und Fensterreihen zusammenlegen.

In den Straßen der Stadt wohnten die Handwerker; mit ihren Händen machten sie Tische, Wiegen und Särge, Töpfe, Schuhe, Kleider und Hüte. Kein Ding war gleich wie das andere, sie waren so verschieden wie die Hände der Menschen. Da geschah es, daß Ideologos in die Stadt kam. Er verbesserte sie wie das Land. Zur Steigerung von Produktion und Menschenwürde ließ er die Werkstätten zu einer einzigen Fabrik mit Fensterreihen und Schornsteinen zusammenlegen. Die Fenster leuchteten in der Nacht und die Schornsteine rauchten Tag und Nacht.

Auf dem Land und in der Stadt gab es Wirtshäuser mit Küchen und Kellern, aus welchen es wundersam duftete; das Lachen und Schwatzen der Zecher erfüllte die Stuben. Eines Abends kehrte Ideologos ein und sah, was verbessert werden mußte. Er ließ die Wirtsstuben zu einem einzigen Speisesaal zusammenlegen. Die Produktion wurde erhöht, der Duft vereinheitlicht und die Fröhlichkeit konnte nach Bedarf an Lautsprechern eingestellt werden.

In den Häusern auf dem Land und in der Stadt wohnten die Kinder bei Vater und Mutter. Ideologos kam und sah, daß die Kinder unglücklich waren. Er ließ sie in ein großes Haus beim Staat bringen, wo alle gleich gerecht erzogen wurden. Das hatte auch den Vorteil, daß nicht nur die Väter, sondern auch die Mütter in der Fabrik produzieren konnten. Als die Kinder groß geworden waren, produzierten sie viel mehr als Vater und Mutter, weil man sie im großen Haus zur Produktion erzogen hatte.

Das einzige, was die von den Ideologen erfundene Weltmaschine stört, ist der Mensch. Deshalb wird er mit Hilfe von Ideologie und Wissenschaft so lange verbessert, bis er ein nützliches Rad der Maschine geworden ist.

Es war ein Sonntagnachmittag. In den Straßen von Leningrad standen vor den Türen der Restaurants die Leute an und warteten, bis an den dicht besetzten Tischen Plätze frei wurden. Der Portier ließ jeweils soviele hineingehen wie herauskamen; es wurde strikte gezählt. Die Restaurants gehörten dem Staat; bei den teuren mußte man nicht anstehen. Die Touristen gingen in die teuren Restaurants. Wenn man nicht mit einer Gruppe reiste, mußte man auch da warten; nicht draußen, aber am Tisch. Eine halbe Stunde Wartezeit sei normal, erklärte uns eine armenische Intouristagentin anläßlich einer Stadtbesichtigung in Leningrad. Die Kellner seien mit Arbeit überlastet.

Die Kellner sind Staatsangestellte. An Wänden und Pfeilern, bei den Fenstern und in den Ecken warteten sie auf die Arbeitsüberlastung. Wenn es soweit war, brachten sie die Speisekarte. Es kam sehr selten vor, daß jemand die Geduld verlor. Einmal waren es drei junge Amerikanerinnen in Nowosibirsk und ein anderes Mal in Irkutsk ein japanischer Geschäftsmann mit seinem Sohn. Für japanische Manager ist Zeit so gut Geld wie für ihre amerikanischen Lehrmeister. Die Kellnerinnen verloren die Ruhe nicht. Am nächsten Tag kam der Japaner wieder und war geduldig wie ein Asiate. Wir wußten, daß man im Restaurant des Hotels «Sibirien» noch länger warten mußte und ein drittes gab es in Irkutsk für die Fremden nicht.

Das Restaurant des Hotels «Ukraine» in Moskau war elegant und groß. Wenn man unter den Kronleuchtern an einem mit Kristall, Goldrandporzellan und Silberbesteck gedeckten Tisch saß, war es pompös. Während der Hauptmahlzeiten spielte ein Orchester. Die Musik war vor allen Dingen kräftig. Man konnte sehen und hören, daß die Musiker und die Sängerin beim Staat angestellt waren. Auf der umfangreichen Speisekarte standen Leckerbissen. Mit einer Wahrscheinlichkeit von einhalb, was bedeutet, daß auf zwei mögliche Fälle ein günstiger Fall kommt, schüttelte der Kellner kaum merklich den Kopf und sagte: «Niet». Im Speisewagen der Transsibirischen Eisenbahn waren die Chancen kleiner, dafür die Karte größer: sie umfaßte mehr als dreißig Seiten.

Die Qualität der Mahlzeiten und Getränke entsprach den Grundsätzen des dialektischen Materialismus: der Mensch ist im Prinzip ein Mechanismus. Was die Ideologie anbelangt, sind die Köche der Sowjetunion dem Ziel näher gekommen als die Wissenschaftler: das Essen gleicht viel mehr einem Treibstoff als das Leben einer Maschine gleicht.

Als wir auf einer Stadtrundfahrt durch den Kalinin-Prospekt fuhren, wies die dialektisch geschliffene Tamara auf hohe, gardinenverhangene Fenster am Fuß eines Glaspalastes: «Das ist das eleganteste und größte Restaurant von Moskau, das ‚Arbat'.» Wir nahmen uns vor, da einmal zu essen. Am zweitletzten Abend gingen wir hin: geschlossen. Inge fragte. Wir waren zu früh. Punkt sieben Uhr öffnete der Portier die gläserne Tür. Im Vestibül, beim Eingang zum Restaurant, stand ein Mann in einem dunklen Anzug und eine Frau in einem braunen Kleid. Wir waren die ersten Gäste, die beiden ließen uns nicht eintreten. Der Mann konnte englisch: «In unserem Restaurant Attraktion, Sie müssen bezahlen Eintritt.» Er wies zur Garderobe, wo eine Registrierkasse stand. Die Garderobefrau kassierte pro Person einen Rubel und gab uns den Kassenzettel als Eintrittskarte.

Wir gingen zum Eingang zurück. Die Frau schaute Inge auf die Beine, die ohne Strümpfe waren, mit rot lackierten Zehennägeln in offenen Schuhen. Inge konnte hören, daß die Frau den Mann auf diese Aufmachung aufmerksam machte. Der schielte auf die Beine, schaute mich an, zögerte – und machte mit der rechten Hand eine einladende Geste. Wir traten ein.

Um den weiten und hohen Raum lief in der Höhe des ersten Stockwerkes eine Galerie, wo, wie im Erdgeschoß, tadellos gedeckte Tische standen. Auf den blendend weißen Tüchern funkelte das Kristall und das Königsblau des goldverbrämten Porzellans glich träumenden Augen in einem bleichen Gesicht. In der Mitte, gegenüber den Fenstern, stand ein Podium mit Stühlen, Notenständern und einem Klavier; davor glänzte eine freie Parkettfläche. Alles war noch verlassen und leer. Farben fehlten nahezu ganz. Aus dem Tüll der Gardinen fiel milchiges Licht auf die weißen Tische, die sich in der mit Aluminiumfacetten belegten Decke spiegelten.

Wir wollten uns an einen kleinen Tisch bei den Fenstern setzen. Sofort kam ein Kellner und führte uns an einen Tisch mit vier Gedecken in der Mitte beim Parkett. Die meisten Tische seien, sagte der Kellner, reserviert; er sprach gut englisch. Bald begann sich das Restaurant zu füllen. Nach einer Stunde war kaum mehr einer von den vielen hundert Plätzen frei. Die Bedienung funktionierte einwandfrei; niemand mußte warten.

Ein freundlicher Mann verneigte sich fragend an unserem Tisch; ich nickte. Er und seine Frau, neben der er trotz seines Bäuchleins schlank wirkte, nahmen Platz. Sofort erschien ein Kellner und nahm ihre Bestellung auf. Das Essen glich einem Uhrwerk: präzis und ohne Gewürze. Das Orchester setzte ein, die Attraktionen glitten übers Parkett – eine virtuose Einradnummer, Akrobaten am Boden, auf dem Seil und an Gerüsten, Tänze. Die hübschen Mädchen waren und blieben stets gut verhüllt. Der Applaus war kaum vernehmbar. Das Ehepaar an unserem Tisch hielt müdes Klatschen für vornehm. Die Dicke am Tisch applaudierte selten, ihr Mann nur bei Nummern ohne Mädchen. Aus Protest klatschten wir bei guten Nummern wie verrückt; weder die Gäste noch die Artisten kümmerten sich darum.

In der Dämmerung einer prächtigen Sommernacht verließen wir das «Arbat». Der Kalinin-Prospekt neigte sich zur Moskwa, wo das letzte Abendrot verglomm – im Abendland. Vor der Tür stand ein Polizeiauto. Leer – die Polizisten saßen in der Eingangshalle. Zu allen Zeiten ist es den Revolutionären gelungen, die *Leibeigenen* zu befreien. Noch nie konnten sie die *Geisteigenen* befreien, weil man Kriecher nicht befreien kann. Ein freier Geist ist frei, und wenn sein Leib in Ketten geboren wird. Revolutionäre befreien und Missionare bekehren – wen?

Es ging gegen zehn, als wir im Hotel «Ukraine» ankamen. Da die Bar schon geschlossen war, gingen wir ins Restaurant, um ein Bier zu trinken. An vielen Tischen wurde noch herzhaft gegessen. Da und dort floß Schaumwein. Krimsekt war es nicht (außer die chemische Fabrik stünde in der Krim). Nirgends gab es einen freien Tisch, der abgeräumt war. So setzten wir uns an ein wildes Durcheinander von Besteck, Karaffen, Tellern, Schüsseln, Gläsern und leeren Flaschen. Dazwischen, auf Kredenzplatten, lagen Früchte und Patisserie. Eine Karaffe mit Goldrand und eingeschliffenem Glasstöpsel war noch zu einem guten Viertel mit Wodka gefüllt. Die Speisereste waren erkaltet. Am Tisch nebenan wurde gezecht. Da, wo wir jetzt saßen, mochte es vor einer Stunde in solcher Art hoch hergegangen sein.

Wir rückten die Stühle etwas vom Tisch ab und warteten. An den Wänden und bei den Türen, an den Säulen und in den Ecken standen Kellner und Kellnerinnen. Sie warteten. Wir warteten. Eine Viertelstunde, eine halbe Stunde, immer noch saßen wir vor den Zeugen einer verklungenen Zeche. Die Kellner standen, niemand kümmerte sich um uns. Am Tisch nebenan bediente eine Kellnerin als hätte sie vier Hände. Sie tat es mit sichtlicher Begeisterung, niemand half ihr. Mit dem Serviertuch über dem Arm standen ihre Kolleginnen und Kollegen an den Wänden.

Der Chef des Servierpersonals war eine Frau. Wir kannten sie, weil wir schon vor unserer Sibirienreise in diesem Hotel gewohnt hatten. Die Chefin war bereits mehrmals an unserem Tisch vorbeigegangen; auch sie beachtete uns nicht. Daß «Schmieren» in Rußland von entscheidender Bedeutung sein konnte, habe ich erst nach der Rückkehr erfahren. Nicht immer, aber mehrmals wurden mir Trinkgelder zurückgewiesen. Schließlich bekam ich Hemmungen.

Als ein Kellner auf dem Weg von einer Wand zur anderen an unserem Tisch vorbeischlenderte, machte ich ihm ein Zeichen. Zuerst wies er mit einer verächtlichen Geste auf den unabgeräumten Tisch und sagte dann, daß er für unseren Tisch nicht zuständig sei. Inge bat ihn, den Kollegen zu rufen. Er deutete auf die Kellnerin, die bei dem Hochbetrieb am Nebentisch bediente, und stellte sich wieder an eine Wand.

Bald kam die Kellnerin in die Nähe unseres Tisches; ich hob die Hand und sprach sie an. Sie schaute mir ins Gesicht, schüttelte den Kopf, drehte sich um und füllte ihren Zechern die Gläser mit Schaumwein. Beim Bedienen der Gäste, die mit dem Rücken gegen uns saßen, mußte die Kellnerin zwischen die beiden Tische treten. Inge sprach sie an und sagte, daß wir ein Bier haben möchten. Mit der Flasche in der Hand drehte sie sich gegen uns und sagte mit zischender Stimme:

«Nitschewo-Niet!!!»

Dann fuhr sie fort, ihren Gästen freundlich und zuvorkommend Schaumwein einzugießen. – Ihre Gestalt war kräftig und wohlgeformt, das Gesicht ausdrucksvoll; die grauen Augen und gesunden Zähne betonten ihren Trotz. Die Frau war mir sympathisch.

Im Durchgang zwischen dem größeren und kleineren Saal hatte sich die Chefin aufgestellt und ließ ihren Blick wie das rotierende Signalfeuer eines Leuchtturmes drehen. Als er an uns vorbeistrich, winkte ich ihr zu; freundlich und lachend. Einen Augenblick verharrte sie, dann wanderten die Augen weiter. Schließlich verschwand sie durch eine Tür. Es ging gegen elf Uhr, als sie wieder auftrat; durch die gleiche Tür. Wieder ließ die stattliche Frau den Leuchtturmblick kreisen. Wieder winkte ich, als er unseren Tisch traf. Wieder drehte sie weiter. Jetzt stand ich auf und winkte mit beiden Händen.

Der Blick kam zurück und verharrte für Sekundenbruchteile auf mir. Ich lachte und bat die Dame mit einer Handbewegung an unseren Tisch. Die Chefin zögerte, wandte sich ab und ging gegen die Diensttür. Zwei Schritte davor blieb sie stehen, drehte sich um und schaute zu uns hin; wieder bat ich sie mit einem Handzeichen. Sie kam, blieb am Tisch stehen, nickte einen Gruß und blickte mich fragend an. Ich nickte zurück und Inge sagte auf russisch:

«Guten Abend.»

Ich fragte auf englisch: «Sprechen Sie englisch?»

Sie antwortete auf französisch: «Nein – französisch.»

Ich begrüßte sie auf französisch. Auf ihrem Gesicht zeichnete sich etwas wie unangenehme Überraschung ab. Sie schwieg.

«Ich möchte den Namen und die Adresse des Hoteldirektors wissen.»

«Er ist nicht hier.»
«Das macht nichts, ich werde zu ihm gehen.»
«Es ist zu spät.»
«Ich werde morgen gehen.»
Die Chefin schwieg, ging vom Tisch weg und verließ das Restaurant durch die Diensttür.
Nach fünf Minuten kam sie zurück und blieb minutenlang an der Tür stehen. Ich winkte; nach einigem Zögern kam sie.
«Ich möchte den Namen des Direktors wissen.»
Jetzt konnte sie kaum mehr französisch. Ich gab ihr ein Blatt Papier und einen Bleistift und sagte:
«Bitte, Direktor, Name, Adresse.»
Sie benahm sich, als ob der Bleistift rotglühend wäre. Einer der Kellner trat dazu. Inge bat ihn auf russisch, den Namen und die Adresse des Hoteldirektors zu schreiben. Er blickte auf die Chefin und schien augenblicklich weder russisch noch schreiben zu können. Nach einigen Sekunden Konsternation konnte die Frau wieder französisch, allerdings gebrochen. Um ihre Sprachschwierigkeiten zum Ausdruck zu bringen, flocht sie englische Brocken ein:
«Warum wollen Sie Adresse von Direktor?»
«Ich will mit ihm sprechen.»
«Wasvon?»
«Über die Bedienung.»
Die Chefin schaute zur zechenden Gesellschaft, wo die Kellnerin beflissen bediente. Dann ging sie hin und sprach mit ihr. Aus Augenwinkeln trafen uns Blicke. Die Chefin kam zurück.
«Sie werden sofort bedient, was wünschen Sie?»
«Die Adresse des Direktors.»
«Möchten Sie haben nichts?»
«Doch, die Adresse des Direktors.»
«Einen Moment.»
Sie ging weg und verschwand durch die Diensttür. Nach einigen Minuten kam sie zurück.
«Bitte, der Herr Direktor wünscht Sie zu sprechen.»
«Wo?»
«Bitte», die Chefin wies mit der Hand nach der Diensttür. Wir standen auf, sie ging voraus. Hinter der Tür war die Anrichte und eine Schwingtür, die pendelnd den Blick in eine

große Küche freigab. Alles war blitzsauber. Die Chefin ging durch einen Korridor, blieb vor einer Tür stehen, neigte sich dagegen und klopfte an. Eine kräftige Männerstimme antwortete. Wir traten ein.

Hinter einem Schreibtisch saß ein breiter Mann mit einem großen Kopf. Das Haar war dunkel und dicht, die Brauen buschig und die Augen grau. In seinem Büro gab es nur kleine Entlüftungsfenster, die hoch oben bei der Decke waren und sich vermutlich gegen einen Schacht öffneten. Wir begrüßten uns. Der Direktor sprach nur russisch, die Chefin dolmetschte. Beim Übersetzen blickte sie immer wieder auf Inge, die mit dem Kellner russisch gesprochen hatte. Der Direktor freute sich uns kennenzulernen und fragte, mit was er dienen könne.

«Vor mehr als einer Stunde sind wir in Ihr Restaurant gekommen, um ein Bier zu trinken.»

«Unser Personal ist überlastet.»

«Die meisten Tische sind leer und die Kellner stehen an den Wänden.»

«Wir haben viele Gruppen und Delegationen.»

«Die Kellner stehen schon seit einer Stunde an den Wänden.»

«Wie lange sind Sie schon in Rußland?»

«Etwas mehr als einen Monat.»

«Sie hätten sich an die Kellnerin Ihres Tisches wenden sollen.»

«Das haben wir zweimal getan, das zweite Mal hat sie uns ‚nitschewoniet' zugefaucht.»

Der Direktor sprach mit der Chefin. Sie ging hinaus, er lächelte uns freundlich zu; wir lächelten zurück. Die Chefin kam mit der Kellnerin. Die beiden sprachen mit ihr. Sie gab trotzige Antworten und würdigte uns keines Blickes. Als der Direktor nickte, ging die Kellnerin wieder. Dann fragte er mich:

«Aus welchem Land kommen Sie?»

«Aus der Schweiz.»

«Morgen werden wir Ihre Flagge auf Ihren Tisch stellen.»

«Das möchten wir nicht.»

«Doch, doch.»

«Wir möchten nach kommunistischen Prinzipien bedient werden.»

«Morgen haben Sie Ihren Tisch mit Ihrer Flagge.»

«Wir möchten nicht bevorzugt, sondern gleichberechtigt behandelt werden – so wie Lenin es gesagt hat.»

Der Direktor zog beim Lächeln die Büsche seiner Augsbrauen hoch, dann erhob und verneigte er sich höflich hinter seiner breiten Tischplatte. Die Chefin übersetzte:

«Sie werden sehr zufrieden sein.»

Am nächsten Morgen sahen wir schon beim Betreten des Restaurants auf einem Tisch mit zwei Gedecken an einem vernickelten Stäbchen ein Schweizerfähnchen hängen. Es fiel mir ein, daß der Direktor an der Wand neben seinem Schreibtisch eine Tafel mit Abbildungen der verschiedenen Hoheitszeichen hatte. Wir setzten uns an einen anderen Tisch. Augenblicklich kam eine Kellnerin. An der Bedienung war nichts, rein nichts mehr auszusetzen. Ebenso nicht beim Mittag- und Nachtessen – und am folgenden Morgen auch nicht. Dann reisten wir ab.

Im Museum für Religionsgeschichte und Atheismus in Leningrad: «Jesuit». Das Museum ist in der ehemaligen, im byzantinischen Stil gebauten Kathedrale der «Lieben Frau von Kazan» untergebracht.

БОЖЕ!
ДАЙ МНЕ ЛЮБОВЬ!

Museum für Religionsgeschichte und Atheismus

Den Ideologen materialistisch-mechanistischer Weltbilder kann man die fundamentalen Irrtümer, auf welche sie ihre Ideologien bauen und gebaut haben, nicht verargen. Es gibt viele Naturwissenschaftler, die der Überzeugung sind, das Leben sei nichts anderes als eine Summe von physikalischen und chemischen Vorgängen und Zuständen. Von Naturwissenschaftlern sollte erwartet werden dürfen, daß sie sich Gedanken über das Erkenntnisvermögen ihrer auf die Natur angewendeten Methoden machen. Wenn man diejenigen, die nichts anderes tun als Messen und die Meßergebnisse zum Zwecke der Technik anwenden, zu den Wissenschaftlern zählt, so sind die meisten Naturwissenschaftler der Meinung, daß Leben lediglich eine Summe aus Physik und Chemie sei. (Wenn man sie fragt, was sie unter «lediglich» verstehen, sagen sie «letztlich».)

Das ist ein guter Grund, um für die dialektischen Materialisten Verständnis aufzubringen. Viele Naturwissenschaftler verfallen dem Irrtum einer mechanistisch-deterministischen Betrachtungsweise des Lebendigen, obwohl sie etwas von Naturwissenschaften verstehen. Die Ideologen aber haben keine Ahnung davon, speziell von den exakten Naturwissenschaften. Wenn sie diese trotzdem zur Konstruktion ihrer Gesellschaftstheorien verwenden, begehen sie den gleichen erkenntnistheoretischen Fehler wie jene Wissenschaftler, die das Phänomen Leben mit Hilfe von Physik und Chemie erfassen wollen. Die menschliche Gesellschaft ist nämlich eine Gesamtheit von Lebewesen. Die Tatsache, daß es Marxisten, Leninisten oder Ideologen anderer dialektisch-materialistischer Richtungen gibt, die nicht wissen, daß die Grundlagen ihrer Ideologien die exakten Naturwissenschaften sind, schafft die aus den Wurzeln ihrer Betrachtungen aufsteigenden Irrtümer nicht aus der Welt.

An einer Mauer der (heute geschlossenen) Erlöser-Kirche in Leningrad: «Gott! Gib mir Liebe!»

Seit der römische Kaiser Konstantin zu Beginn des 4. Jahrhunderts den Bischöfen die Schiedsgerichtsbarkeit in bürgerlichen Angelegenheiten übertrug, begannen Politiker und andere Machtgierige das Christentum als Mittel zum Zweck zu verwenden. Aus den Priestern wurden Pfaffen und aus der Religion Kirchen, deren materielle Macht mit den Schwertern der korruptesten römischen Kaiser vergleichbar war. Im Namen eines Staates, der sich Kirche nannte, wurde mit machiavellistischer Schamlosigkeit gelogen, gefälscht und gemordet. Noch im vergangenen Jahrhundert fand es der papokratische Pius IX. nicht für zu hoch gegriffen, 1870 das Dogma von der Unfehlbarkeit des Papstes, also auch seiner Unfehlbarkeit zu verkünden. Der unter seinem Pontifikat noch existierende Kirchenstaat war im Europa jener Zeit das sozial rückständigste und rechtloseste Gebilde.

In der Theologie besteht zwischen Religion und Kirche eine Differenz, die etwa mit dem Unterschied zwischen Gerechtigkeit und Recht in der Jurisprudenz vergleichbar ist. Der Vergleich wird dadurch sinnvoll, weil in beiden Fällen die gegenübergestellten Begriffe kaum etwas miteinander zu tun haben. Auch drängt sich eine Beziehung zwischen Theologie und Juristerei durch die Tatsache auf, daß es Kirchenrechtler und Theologen gibt, die die Kette von Fälschungen zum Zwecke der Errichtung einer absolutistischen Macht der Päpste als eine «felix culpa», eine «glückbringende Schuld» bezeichnen. Im Namen einer Religion der Nächstenliebe, Demut und Bemühung haben Pfaffen zum Zwecke weltlicher Macht Kirchen der Verlogenheit proklamiert.

Noch etwas haben die Pfaffen verschiedener Kirchen mit den Juristen verschiedener Parteien gemeinsam: Sie bekämpfen sich mit Mitteln, die ihnen ähnlich sehen. Ein schönes und gut sichtbares Beispiel dafür ist das Museum für Religionsgeschichte und Atheismus in Leningrad. In diesem Gebäude, das aussieht wie eine Kirche, weil es einmal eine Kirche war, bekämpfen die Pfaffen der Kommunistischen Partei der Sowjetunion die Pfaffen der Russisch-Orthodoxen Kirche. Die Methoden entsprechen den mechanistisch-deterministischen Grundlagen des dialektischen Materialismus: Sie sind einfach und praktisch.

Der Newskij-Prospekt in Leningrad ist eine lange, schöne und breite Straße, eine prächtige Straße! – Gibt es weltliche

Macht, die der Pracht abhold ist, abhold sein kann, sein darf? Kilometerlang laufen die Fassadenfluchten von Osten nach Westen. Auf dem Stadtplan erscheint die Straße wie ein Bollwerk, hinter welchem das Herz der Stadt in der nordwärts ausbiegenden Schlaufe der Newa liegt. Wer zu sommerlicher Abendstunde von Osten her kommt, sieht die Häuserreihen dem warmen Licht der tiefstehenden Sonne zustreben. In der Ferne, wo die fliehenden Linien sich treffen, ragt eine goldene Nadel in den Himmel: die schlanke Spitze des Turmes der Admiralität. Peter der Große hat sie gebaut, so wie die Pharaonen die Pyramiden oder die Päpste den Petersdom gebaut haben. Aus den Fassaden grüßten die Zeiten der Zaren. Die Menschen machten Gesichter, die nicht zu diesen Häusern paßten. Niemand kann beweisen, ob die Zeiten besser oder schlimmer geworden sind. Nur die Partei weiß alles, und sie hat immer recht. Das einzig Fröhliche der Straße waren die aus Klassizismus und Jugendstil schmunzelnden Fenster. Die Automobile Marke «Moskwitsch» pufften Bakubenzin mit seiner besonderen Geruchsnote aus und erinnerten durch ihre Form und Zahl an den amerikanischen Straßenverkehr von 1960. Bald war eine Stunde verstrichen, seit wir auf dem Newskij spazierten; die goldene Turmhelmspitze der Admiralität war höher in den Himmel gerückt.

Auf der linken Seite traten die Gebäude zurück, die breite Straße weitete sich zu einem Park. Auf sonnigen Ruhebänken saßen Menschen. Über dem Grün der Bäume leuchtete heller Stein: hohe Säulen trugen mit korinthischen Kapitellen einen schweren Fries, auf welchem das dreieckige Giebelfeld der griechischen Tempel ruhte. Dahinter, nach byzantinischem Vorbild, im Zentrum des Baues, erhob sich achtzig Meter hoch die Kuppel der Kathedrale. Sie wurde zu Beginn des letzten Jahrhunderts erbaut und der Lieben Frau von Kazan geweiht.

Im großen Dreieck des Tympanons, im Schwerpunkt, lag ein kleines Dreieck aus Gold, von welchem goldene Strahlen ausgingen, die einen guten Teil der Fläche bedeckten: das Symbol der Heiligen Dreifaltigkeit. Darunter, auf dem breiten Fries, stand mit großen, goldenen, kyrillischen Lettern geschrieben: «Museum für Religionsgeschichte und Atheismus».

Schrift und Dreifaltigkeit glänzten dermaßen hell und stark, daß *beide* nach der Oktoberrevolution vergoldet worden sein müssen, ein Umstand, der die Phantasie anregt. Auch die Grundlagen des Marxismus und dialektischen Materialismus beruhen auf einer Dreifaltigkeit, der Methodentrilogie der exakten Naturwissenschaften: «Mechanistisch-deterministische Betrachtungsweise», «Systematisch-reproduzierbares Experiment» und «Differentiell-kausales Prinzip». Die Erscheinung, daß großen, mittleren und kleinen Ideologen solche Zusammenhänge nicht bekannt sind, ändert nichts an der Tatsache.

Wir traten ein. Wie in einer Kirche war der Eintritt gratis. Wer das Gold der Dreifaltigkeit für das nahm, was es einst war, und die Schrift auf dem Fries nicht beachtete, konnte durchaus erwarten, in eine Kirche zu kommen. Aber trotz des im hohen Raume herrschenden Dämmerlichts mußte nach wenigen Sekunden auffallen, daß Heiligenbilder und sakrale Gegenstände ganz unkirchlich, wie in einer Ausstellung, zwischen erklärenden Texten und Tabellen aufgestellt waren.

Neben Kreuzigungen hingen Porträts von Wissenschaftlern. Wie es sein mußte, traten die Enzyklopädisten und die Positivisten der Jahrhundertwende bevorzugt in Erscheinung. Es wurde dargestellt, wie mit Hilfe ihrer Entdeckungen und Erkenntnisse der Irrtum «Religion» aufgeklärt werden konnte. Mit der Zwangsläufigkeit einer mathematischen Funktion wurden Christentum und Kirche gleichgesetzt. In einer Nische, unter einer Glasglocke, lächelte eine scheinheilig-verzückte Gestalt. Die etwa fünfzig Zentimeter hohe Figur war in eine schwarze Soutane gekleidet und stand auf einem Nippsachenpodest aus sorgsam gedrechseltem Holz. Selbstgerecht gespreizte Hände drückten ein Gebetsbuch an die Brust. Die Anschrift lautete: «Jesuit».

Interessanterweise wurden im Museum für Religionsgeschichte und Atheismus nur das Christentum und seine Kirchen zur Darstellung gebracht. Immerhin umfaßt die Sowjetunion weite Gebiete, die zum Islam gehören. Und wenn auch das politische Einvernehmen mit China seit einigen Jahren an Brüderlichkeit verloren hat, dürfte der Buddhismus trotzdem ein Problem des Marxismus-Leninismus sein. Das umfassend formulierte Thema «Religionsgeschichte und Atheismus» scheint am Beispiel eines speziellen Falles behandelt zu werden. Es ist dies das induktive Verfahren der Naturwissenschaften, der Schluß vom Speziellen auf das Allgemeine. Andererseits ist es politisch gewiß nicht opportun, die Religionen der Dritten Welt, die auf Erlösung aus Moskau wartet, als geschichtliche Irrtümer und Mittel zur Ausbeutung des Volkes in einem Museum auszustellen. Ich erinnere mich an Mogadiscio, der Hauptstadt der Republik Somalia in Ostafrika, wo ich 1964 als Experte der UNESCO tätig war. Die Botschaften der Sowjetunion und Chinas demonstrierten den mohammedanischen Somalis mit Hilfe von Bildern, wie in ihren Ländern der Bau von Moscheen vom Staat gefördert wird. Auch die Kellner und Kellnerinnen in den staatlichen Restaurants scheinen über die Methoden zur Gewinnung der Dritten Welt dialektisch geschult worden zu sein: Die Farbigen, besonders die Afrikaner, wurden immer sofort und mit gekonnter Zuvorkommenheit bedient.

Freisinnigkeit und Atheismus im 18. Jahrhundert hieß die Überschrift einer Ausstellung, die in einer Seitenkapelle installiert war. Bilder von Wissenschaftlern und Philosophen der Aufklärung hingen zwischen erklärenden Texten. Bücher waren ausgelegt und wissenschaftliche Instrumente erschienen neben sakralen Gegenständen in einem seltsamen Kontrast. Etwa wie ein Pferd, das in einer Garage zwischen Automobilen, oder wie ein Pfarrer, der in einem Kasino zwischen Offizieren steht.

Über der weißen Marmorstatue eines Heiligen, neben einem nachgedunkelten Ölbild Peters des Großen hieß es: «Die Rechtgläubigkeit war staatliche Religion. Zu ihrer Unterstützung wurden große Summen ausgegeben. Und dann war sie Dienerin des Staates. Für die vom Staat erhaltenen Privilegien mußte sie mit allen Kräften der Macht dienen. Umgeben mit der Aureole des göttlichen Segens rühmte sie jeden ihrer Schritte und bestritt vehement jede ihrer Übertretungen.»

Keine Ausländer waren unter den zahlreichen Besuchern zu sehen. Alle betrachteten die ausgestellten Gegenstände mit Interesse und vertieften sich mit andächtigen Gesichtern in die erklärenden Texte. Meistens wortlos, auch wenn mehrere zusammengehörten. Auch die Kinder waren still, selten stellten sie Fragen. Wenn gesprochen wurde, so im Flüsterton wie in einer Kirche. Es herrschte eine Stimmung wie etwa im Völkerkundlichen Museum in Basel; mit dem Unterschied, daß es viel mehr Besucher gab.

In dem hohen, von der Kuppel überwölbten Raum, wo die Schiffe dieses Zentralbaues sich in der Form eines griechischen Kreuzes trafen, waren an den vier Eckpfeilern steinerne Schrifttafeln angebracht. Darüber, einen schirmenden Rundbogen tragend, schwebten jeweils zwei Barockengelchen. Die Schrifttafeln trugen Texte von Marx und Lenin. Inge übersetzte:

«Die Religion wird in dem Maße verschwinden, in welchem der Sozialismus sich entwickeln wird. Ihr Verschwinden muß als Resultat des gemeinschaftlichen Aufschwungs entstehen. In dieser Entwicklung spielt die Erziehung eine große Rolle.»

K. Marx

«Unser Programm baut ganz auf die Wissenschaft und die materialistische Weltanschauung. Die Erklärung unseres Programms schließt deshalb wahrhaftig die historischen und ökonomischen Gründe des religiösen Nebels ein.» W.I. Lenin

Auf den beiden anderen Steintafeln standen ähnlich lautende Texte; selten nur beachtete sie jemand.

Eine Wand mit Tischen und Vitrinen war der Darstellung des Glaubens und Aberglaubens alter Leute gewidmet. Da standen eine zahnlose Alte und ein buckliger Alter als halbmeterhohe Marionettenfiguren auf einem Podest. Auf ihren schäbigen Kleidern leuchteten weiße, aufgenähte Kreuze. Der Mann hielt eine Flinte mit abgesägtem Lauf in der linken Hand, die rechte drückte er aufs Herz. Das seltsame Paar schaute mit scheinheiligen Blicken nach oben. Auf dem zwischen ihnen aufgestellten Schild hieß es nichts anderes als «Fjedorowitsch und Fjedorowka». Daneben, unter Glas, hing ein grauverhülltes Ölbild, auf dem man eine Versammlung von betenden alten Frauen und Männern erkennen konnte. Am Rande standen ein Mädchen und eine junge Frau; die Alten machten böse Gesichter. Im erklärenden Text war zu lesen: «Die Rituale der Greise und das Sektierertum gegen den Aufbau des Sozialismus.»

Eine automatische Pistole, die in den ausgehöhlten Seiten eines dicken Buches untergebracht war, fiel uns auf. Das Buch war eine Bibel. Ein junges Mädchen und ein Soldat beugten sich über die Tischvitrine und lasen wortlos die Beschreibung: «Pistole im Neuen Testament. – Im Jahre 1930 wurde in der Kirche von Tschembari in der Gegend von Mittelbolschki eine Pistole entdeckt, die in einer Bibel versteckt war. Die Klerikalen benützten die Waffe für ihre terroristischen Aktionen gegen die Vertreter der sowjetischen Macht.»

Dort, wo einmal der Altar des rechten Seitenschiffes gestanden haben mag, verzehrte eine lebensgroße in Bronze gegossene Urmenschenfamilie einen erlegten Hirsch. An einem Knochen nagend sah das Familienoberhaupt unter einer fliehenden Stirn mit wuchtigen Augenwülsten schützend und sichernd in die Ferne. Die Gruppe fand bei den Museumsbesuchern eine Beachtung, wie sie Verwandten normalerweise nicht entgegengebracht wird. Stets waren die Neandertaler von Leuten umringt. Hier sprachen und diskutierten sie laut miteinander. Der Hirsch sah aus wie ein heutiger Hirsch, die Menschen unterschieden sich beachtlich von den Zuschauern.

Ob es in den Häusern und Kirchen des alten Rußland ebenso viele Heiligenbilder gab, wie es heute in der Sowjetunion in Kulturpalästen, Büros, Bahnhöfen, Warenhäusern, Kinos, Theatern, Hotels und auf Plätzen und Straßen Lenin- und Marxbilder gibt? Wenn die Marx- und Leninbilder bloß besser wären. Vielleicht würde sie dann hie und da jemand beachten. Immer waren es Ausländer, die davor stehen blieben. Von Stalin sahen wir eine einzige Büste – auf seinem Grab vor der Kremlmauer. Sicher wäre es eine aufschlußreiche soziologische Forschungsarbeit, zu untersuchen, ob nach dem XX. Parteitag mehr oder weniger Stalinbilder entfernt wurden als Heiligenbilder nach der Oktoberrevolution. Man müßte zur Klärung dieser Frage jene Wissenschaft anwenden, auf welcher Lenin sein Programm aufgebaut hat.

In Leningrad sahen wir auffällig wenig Parteislogans und Leninbilder. Viel weniger als in den anderen Städten. Petersburg war zur Zeit der Aufklärung eine Stadt der Wissenschaft; heute wird in allen Städten Wissenschaft betrieben.

Es war ein prächtiger Sommerabend; über den Dächern und Türmen der Stadt schwebte die Lichtflut eines wolkenlosen Himmels. Milchiges Blau schwebte aus dem Zenit gemächlich in den Malachithauch am westlichen Horizont, wo ganz unten das erste Rot zu wachsen begann. Schlendernd folgten wir einem der vielen Kanäle Leningrads, dem Gribojedow-Kanal. Bald spiegelten sich im schwermütigen Wasser die zwiebelförmigen Kuppeln einer anderen Kirche; es war die Erlöser-Kirche vom Heiligen Blut. Sie wurde in den Jahren der Jahrhundertwende nach dem Vorbild der bekannten Basilius-Kathedrale auf dem Roten Platz in Moskau gebaut. Sie war geschlossen.

Es fiel uns auf, daß Leute stets ganz nahe an diese Mauern herantraten, grad so, als ob sie etwas lesen würden. Wir traten näher und bemerkten, daß kaum sichtbar, mit Bleistift geschrieben, Worte auf der rauhen Oberfläche der Backsteine standen. Inge übersetzte:

«Gott gib mir Liebe.»

«Gott mach, daß ich immer...», das Ende des Satzes hatten Wind und Wetter unleserlich gemacht.

«Mein Herr, gib uns Glück.»

Immer wieder kamen Leute und lasen. War es die Klagemauer Leningrads? Es gab Hunderte von solchen Inschriften. Obwohl wir niemand schreiben sahen, schienen einige davon ganz frisch zu sein.

Inge erzählte mir, daß sie 1962, als sie das erste Mal in Leningrad war, eine alte Frau gesehen hatte, die Blumen in die Einschußlöcher (aus dem Zweiten Weltkrieg) dieser Kirchenmauer gesteckt und dabei innig gebetet hatte.

Der christliche Katechismus als Religionslehrbuch ist eine Schöpfung Martin Luthers. Die Katechismen sind in Frag- und Antwortform abgefaßt. Etwa in dem Sinne, daß auf tendenziöse Fragen die richtigen Antworten gegeben werden können. Von dieser bewährten Methode hatte Friedrich Engels beim Verfassen der «Grundsätze des Kommunismus» im «Manifest der Kommunistischen Partei» Gebrauch gemacht.

Anläßlich einer Stadtrundfahrt in Leningrad wurden wir von einer schönen Armenierin geführt. Meistens waren es die Amerikaner, die Fragen stellten. Offensichtlich war das Mädchen dialektisch geschult; es verstand geschickt auszuweichen. Nur wenn eine Frage hartnäckig wiederholt wurde, griff es mit schwarzäugigem Charme zur letzten Antwort: «Lenin hat gesagt, daß...»